Franz Jall

Wortgottesdienste mit Senioren

Franz Jall

Wortgottesdienste mit Senioren

Schwabenverlag

VERLAGSGRUPPE PATMOS

PATMOS
ESCHBACH
GRÜNEWALD
THORBECKE
SCHWABEN
VER SACRUM

Die Verlagsgruppe
mit Sinn für das Leben

MIX
Papier | Fördert gute Waldnutzung
FSC® C083411

Klimaneutral
Druckprodukt
ClimatePartner.com/14549-2003-1001

Für die Verlagsgruppe Patmos ist Nachhaltigkeit ein wichtiger Maßstab ihres Handelns. Wir achten daher auf den Einsatz umweltschonender Ressourcen und Materialien.

Die Ständige Kommission für die Herausgabe der gemeinsamen liturgischen Bücher im deutschen Sprachgebiet erteilte für die aus diesen Büchern entnommenen Texte die Abdruckerlaubnis. Die darin enthaltenen biblischen Texte sind Bestandteil der von den Bischofskonferenzen des deutschen Sprachgebiets approbierten revidierten Einheitsübersetzung der Heiligen Schrift (2016).

Verlagsgruppe Patmos in der Schwabenverlag AG, Ostfildern
www.schwabenverlag-online.de

Umschlaggestaltung: Finken & Bumiller
Umschlagabbildungen: Joel Jasmin Forestbird / unsplash (Baum), Ant Rozetsky / unsplash (Fenster)
Satz: Schwabenverlag AG, Ostfildern
Druck: CPI books GmbH, Leck
Hergestellt in Deutschland
ISBN 978-3-7966-1833-8

Inhaltsverzeichnis

Gottesdienste zu Texten aus dem Ersten Testament

Gottesdienste zu Texten aus dem Neuen Testament

Gottesdienste zum Vaterunser

Für Regina, Veronika, Martin und Antonia

Zu diesem Buch

Dieses Buch enthält Gottesdienste, die ich in den beiden Häusern gehalten habe, für die ich als Altenheimseelsorger in Illertissen zuständig bin. Daneben bin ich Klinikseelsorger und Religionslehrer an einer Berufsschule.

Für viele ältere Menschen sind ihr Glaube und die Feier von Gottesdiensten sehr wichtig, weil die liturgischen Rituale Sicherheit und Geborgenheit vermitteln. Da der Glaube eine Beziehung zu Gott ist, wandelt er sich – wie jede Beziehung – im Laufe des Lebens. Er speist sich aus den Erfahrungen, die jemand macht. Die Gottesdienste möchten diese Erfahrungen auf Gott hin deuten. Mit der Verwendung von Symbolen, Farben und Figuren versuchen sie, einen Bezug zwischen dem persönlichen Erleben der Menschen und den Texten aus der Liturgie herzustellen. Damit die Gottesdienste nicht abstrakt bleiben, ist es mir wichtig geworden, nach Möglichkeit immer ein Element einzufügen, das der feiernden Gemeinde das Gesagte zu verdeutlichen vermag. Da es älteren Menschen überdies oft schwerfällt, sich ausschließlich auf ihr Gehör zu konzentrieren, wird für sie dadurch auch der Zugang zu den Inhalten erleichtert. Diesem Zweck dienen auch die Veranschaulichung und die Wiederholung von Texten. Sie geben den Gottesdiensten ein langsameres Tempo, dem viele Senioren besser folgen können.

Zur konkreten Umsetzung der Gottesdienste

Sie brauchen für diese Gottesdienste eine für alle einsehbare Fläche, auf der Sie etwas veranschaulichen können, z. B. einen Tisch oder ein freies Stück Boden. Dies konzentriert die Mitfeiernden. Dass diese Fläche immer zumindest mit einem Kreuz und einer Kerze geschmückt ist, wird bei den Materialangaben der einzelnen Gottesdienste nicht eigens erwähnt, sondern vorausgesetzt. Als Figuren eignen sich biblische Erzählfiguren oder Gliederpuppen, die Sie selbst gestalten können. Scheint Ihnen der Aufwand mit Figuren, Tüchern und Gegenständen zu groß, können Sie stattdessen auch mit bunten Blättern und Fotos arbeiten.

Sie können die Gottesdienste so verwenden, wie sie abgedruckt sind. Haben Sie allerdings passendere Worte oder bessere Ideen – benutzen Sie Ihre eigenen. Das gilt insbesondere für die Lieder. Gerade vertraute Lieder rühren ältere Menschen tief an. Dass die Lieder bekannt sind und gern gesungen werden, scheint mir wichtiger als der Umstand, dass sie inhaltlich zu den Schrifttexten passen.

Weil ein Wechsel der Stimme für die Mitfeiernden angenehm ist, wird in den Vorlagen unterschieden zwischen Vorsteher*in und Lektor*in. In der Praxis ist der Wechsel allerdings nicht immer möglich, sodass gegebenenfalls eine Person beide Rollen einnehmen muss.

Es würde mich freuen, wenn die Gottesdienste Ihnen und den Mitfeiernden helfen, ihren Glauben zu feiern.

Franz Jall

Abkürzungen

A: Alle

GL: Gotteslob

L: Lektor*in

V: Vorsteher*in des Gottesdienstes

Gott ersehnen

Jesaja 63,17–19b

- *Material: Tücher für einen Weg, Kerze, Steine, Figur(en)*
- *Zu Beginn: Für alle sichtbar ist ein Weg gelegt. Darauf befinden sich Figuren (oder zumindest eine Figur). Der Weg führt zu einer Kerze, die symbolhaft für Gott steht.*

Lied: Macht hoch die Tür (GL 218, 1. und 2. Strophe)

V: Im Namen des Vaters …

Einführung

V: »Macht hoch die Tür« haben wir gerade zu Beginn gesungen. Wir sollen uns bereit machen, dass der Herr kommen kann. Zu jeder Zeit und überall auf der Welt haben sich Menschen danach gesehnt, dass sie Gott erleben und sein Wirken erfahren dürfen – damit er all unsere Not zum Ende bringt, wie es eben in der 2. Strophe geheißen hat. Ich denke, wir können in den Tagen vor Weihnachten diese Sehnsucht gut nachempfinden. Gerade jetzt, wenn man sich auf ein Fest vorbereitet, werden einem die persönlichen Nöte vielleicht in besonderem Maße bewusst. Und wer in die Welt schaut, Nachrichten hört oder Zeitung liest, weiß, dass auch um uns herum vieles im Argen liegt. Deshalb wenden wir uns im Gebet an Gott.

Gebet

V: Herr, unser Gott, du bist der Herrscher über die ganze Welt.
In Jesus Christus hast du dich mit der Menschheit verbunden.
Begleite uns, damit wir ihm entgegengehen
und für seine Ankunft bereit sind. Amen.

Lied: O Heiland, reiß die Himmel auf (GL 231, 1.–4. Strophe)

Hl. Schrift: Jesaja 63,17–19b

L: Lesung aus dem Buch Jesaja:
Warum lässt du uns, Herr, von deinen Wegen abirren und machst unser Herz hart, sodass wir dich nicht fürchten? Kehre zurück um deiner Knechte willen, um der Stämme willen, die dein Erbbesitz sind! Für eine kurze Zeit haben unsere Feinde dein heiliges Volk in Besitz genommen; dein Heiligtum haben sie zertreten. Wir sind geworden wie die, über die du nie geherrscht hast, über denen dein Name nie ausgerufen wurde. Hättest du doch den Himmel zerrissen und wärest herabgestiegen, sodass die Berge vor dir erzitterten.

Veranschaulichung und Deutung

V: Hättest du doch den Himmel zerrissen und wärest herabgestiegen, sodass die Berge vor dir erzitterten! Der Prophet Jesaja verwendet starke Bilder: den Himmel zerreißen, die Berge erzittern lassen: Da geht es um Gewalt! Um Furcht! Um Macht!
Dahinter steht die Erfahrung: Die Welt ist in Unordnung. Jesaja hat diese Erfahrung schon vor etwa 2500 Jahren gemacht. Dass die Welt aus den Fugen geraten erscheint, ist also nichts Neues. Warum? Weil die Menschen vom rechten Weg abirren. Sie den-

ken nur an sich. Gott spielt keine Rolle mehr. An Gottesfurcht ist überhaupt nicht zu denken. Alle tun, was sie gerade wollen.

Die Figuren werden vom Weg genommen und in verschiedene Richtungen neben den Weg gestellt.

V: Weil er sich das ansehen muss, bringt Jesaja den Wunsch zum Ausdruck: Gott, bring doch endlich diese Welt in Ordnung! Steig vom Himmel herab, lass die Berge erzittern und damit auch die Menschen, die das erleben. Zeig es allen, die nicht glauben! Notfalls mit Gewalt. Die Irrwege wären zertrümmert, die schlechte Welt wäre kaputt.

Steine werden auf den Weg und die Figuren gelegt.

V: Kommt uns das vertraut vor? Die Welt ist aus den Fugen. Es gibt so viel unnötiges Leid und so viel menschengemachtes Chaos. Und Gott? Für den interessieren sich nur noch die allerwenigsten. Die Kirchen sind leer. Für vieles von dem, was Ihnen persönlich in Ihrem Leben wichtig war, können Sie Ihre Enkel nicht mehr begeistern. »Ach, Oma, ach, Opa, das verstehst du nicht.« Das zu erleben, ist manchmal bitter. Da kann manchmal schon der Wunsch nach einem Gott aufkommen, der nicht einfach zuschaut, sondern der eingreift: ein Gott, der die Dinge notfalls mit Gewalt geraderückt. Ein Gott, der den Himmel zerreißt, herabsteigt und die Berge erzittern lässt – und die Menschen auch.

Einige hundert Jahre nach den Worten des Propheten Jesaja steigt Gott auf die Welt herab. Aber anders als erwartet. Er kommt nicht mit Gewalt, sondern so, wie wir es am Anfang im Lied gesungen haben: als Helfer, sanftmütig, barmherzig.

Die Steine werden vom Weg genommen, die Figuren wieder daraufgestellt.

V: Es kommt kein Gott, vor dem man zittern muss. Gott kommt als Mensch. Er wird menschlich und zeigt uns gerade dadurch auf, wie wir sein könnten.

Wiederholung der Lesung: Jesaja 63,17–19b

Lied: Macht hoch die Tür (GL 218, 3.–5. Strophe)

Fürbitten

L: Mit Vertrauen beten wir zu unserem Herrn Jesus Christus:

- Für die Kirche: dass sie den Menschen von dir Zeugnis gibt.
- Für alle Menschen: dass sie deine Botschaft hören und ihr folgen.
- Für alle Völker: dass sie in Frieden und Gerechtigkeit leben können.
- Für unsere Verstorbenen: dass du ihnen das ewige Leben schenkst.

Denn du, Herr, wirst kommen in Herrlichkeit, um die Welt zu vollenden. Amen.

Vaterunser

Lied: Komm, du Heiland aller Welt (GL 227)

Segen

V: Du, unser Gott,
führe uns auf dem Weg, der dir gefällt.
Segne unser Denken und Tun.
Segne uns und alle, die mit uns verbunden sind. Amen.

Lied: Der Herr wird dich mit seiner Güte segnen (GL 452, 1. und 5.–7. Strophe)

Symbole im Advent

- *Material: Rotes Tuch, Kerze, Tannenzweige, Sterne, Teelichte, Sterne mit dem Segen zum Mitgeben*
- *Zu Beginn: In der Mitte ist ein rotes Tuch ausgebreitet, auf das die Symbole gestellt bzw. gelegt werden.*

Lied: Wo zwei oder drei (GL 838)
oder: Wir sagen euch an den lieben Advent (GL 223)

V: Im Namen des Vaters ...

Erzählrunde

V: Bestimmt haben Sie viele Erinnerungen an die Zeit vor Weihnachten, und es fallen Ihnen Sachen ein, die dazugehören?

Die Mitfeiernden können ihre Erinnerungen mitteilen.

V: Einige Symbole erinnern an Inhalte unseres Glaubens. Deshalb stellen wir sie in dieser Feier in unsere Mitte.

Lied: Macht hoch die Tür (GL 218)

Symbol Kerze: *Eine Kerze wird in die Mitte auf das Tuch gestellt.*
V: Eine Kerze vertreibt die Dunkelheit nicht ganz, aber sie macht hell. Jesus sagt im Evangelium: Ich bin das Licht der Welt (Joh 8,12). Wenn wir uns diesem Licht zuwenden, verschwindet nicht das gesamte Dunkle, das ganze Leid, alles Schlechte aus der

Welt und aus unserem Leben. Aber das Licht nimmt uns Angst. Es vermittelt Zuversicht, dass wir der Dunkelheit nicht hilflos ausgeliefert sind. Die Kerze erinnert aber auch daran, dass Jesus gesagt hat: Ihr seid das Licht der Welt (Mt 5,12). Jeder kann etwas Licht in die Welt bringen durch eine kleine Geste, ein gutes Wort, eine kleine Aufmerksamkeit. Es braucht gar nicht immer große Heldentaten, damit die Welt heller und menschlicher wird.

Lied: Stern über Betlehem (GL 261, 1. und 2. Strophe)

Symbol Stern: *Ein Stern wird auf das Tuch gelegt.*
V: Die Botschaft, dass Gott Mensch geworden ist, soll nicht geheim bleiben, sondern zu allen Menschen kommen. Ein Stern führte daher die drei Weisen aus dem Morgenland zur Krippe. Sterne erhellen die Nacht und zeigen den Weg. Sie geben Orientierung und vermitteln somit Halt. Solange es hell ist, kann man sich gut zurechtfinden. Aber wenn es im Leben dunkel um einen wird, braucht man Wegweiser und wenigstens kleine Sterne, die in die Dunkelheit leuchten.

Lied: Stern über Betlehem (GL 261, 3. und 4. Strophe)

Symbol Tannenzweige: *Tannenzweige werden in die Mitte gelegt.*
V: Tannenzweige sind ein Zeichen der Hoffnung. Wenn in der Natur das Leben ruht, die meisten Pflanzen ihre Blüten abwerfen und ihre Farbe verlieren, zeigt das Grün der Tannenzweige: Es bleibt etwas bestehen und trotzt der Vergänglichkeit. Nicht alles geht unter, verfällt und verdirbt. Das Leben bleibt auch in Zeiten, wo es bedroht ist. Für gläubige Menschen sind die Zweige daher

auch ein Zeichen, dass Gott treu zu uns steht. Wir dürfen glauben, dass er uns nicht ins Verderben geraten lässt.

Lied: Die Nacht ist vorgedrungen (GL 220, 1. und 3. Strophe)
oder: O Tannenbaum

Hl. Schrift: Jesaja 9,1.5
L: Lesung aus dem Buch Jesaja:
Das Volk, das in der Finsternis ging, sah ein helles Licht; über denen, die im Land des Todesschattens wohnten, strahlte ein Licht auf. Denn ein Kind wurde uns geboren, ein Sohn wurde uns geschenkt. Die Herrschaft wurde auf seine Schulter gelegt. Man rief seinen Namen aus: Wunderbarer Ratgeber, Starker Gott, Vater in Ewigkeit, Fürst des Friedens.

Lied: Die Nacht ist vorgedrungen (GL 220, 4. und 5. Strophe)

Fürbitten
L: Gott ist an unserer Seite. Seine Liebe erleuchtet die Welt. Deshalb bringen wir unsere Bitten zu ihm – im Vertrauen, dass er unsere Nöte kennt und die Dunkelheit in uns beseitigt.

Wenn es möglich ist, können die Fürbitten frei gesprochen werden. Sollte das nicht angemessen erscheinen, können auch vorgefasste Fürbitten verwendet werden. Zu jeder Fürbitte wird ein Teelicht entzündet und in die Mitte gestellt.

Mögliche Fürbitten, falls sie nicht aus dem Kreis der Feiernden gesprochen werden:

L: Wir beten zu Christus, der als Retter und Heiland in die Welt gekommen ist:

- Für einander: Mach uns bereit für deine Ankunft.
- Für die Einsamen und Verzweifelten: Schenke ihnen Trost.
- Für die Kranken und Leidenden: Gib ihnen Menschen an die Seite, die für sie sorgen.
- Für die, die Angst vor der Zukunft haben: Schenke ihnen Mut und Zuversicht.
- Für die Verstorbenen: Nimm sie auf in dein Reich.

Du hast uns dazu berufen, dein Kommen zu verkünden. Dir sei Lob und Dank in Ewigkeit. Amen.

Vaterunser

V: Im Vaterunser bringen wir diese Bitten und alle Anliegen, die wir nicht ausgesprochen haben, vor Gott. A: Vater unser ...

Lied: Komm, du Heiland aller Welt (GL 227)

Segen

V: Der Herr segne und behüte dich.
Er lasse sein Angesicht über dir leuchten
und schenke dir seinen Frieden.
Er strahle mit seiner Güte in deine dunklen Stunden.
Er gebe dir Orientierung auf deinem Weg.
Er leite dich mit seiner Treue.
Er erfülle dich mit Hoffnung.
Er sei in dir mit seiner Liebe. Amen.

Lied: Kündet allen in der Not (GL 221)

Die Mitfeiernden erhalten den Segen gedruckt auf einem Stern zum Mitnehmen.

Der Herr segne und behüte dich.
Er lasse sein Angesicht über dir leuchten
und schenke dir seinen Frieden.
Er strahle mit seiner Güte
in deine dunklen Stunden.
Er gebe dir Orientierung
auf deinem Weg.
Er leite dich mit seiner Treue.
Er erfülle dich mit Hoffnung.
Er sei in dir mit seiner Liebe.

Auf Weihnachten zugehen

- *Material: Gelbes Tuch, Kerze, Teelichte, grüne Tücher und/oder Tannenzweige, Klangschale (oder ein Gegenstand, mit dem sich ein anhaltender Ton erzeugen lässt), Körbchen mit Strohhalmen, Wunschstern aus Papier, Schale mit Wasser*

Lied: Die Nacht ist vorgedrungen (GL 220)

Begrüßung

V: Im Namen des Vaters ...
Wir sind in der Adventszeit angelangt und bereiten uns auf Weihnachten vor. Advent und Weihnachten – was bedeutet das eigentlich? Weihnachten kann man im Wortsinn mit »heilige Nächte« übersetzen. Heilig, weil Gott in die Welt kommt, um Licht ins Dunkel des Lebens zu bringen. Er wird Mensch, macht sich in der Welt gegenwärtig und kommt auch in unsere Mitte. Die Ankunft eines besonderen Menschen, insbesondere eines Königs oder hohen Würdenträgers, wurde im Altertum als Advent bezeichnet. So ein Ereignis haben die Menschen nie einfach geschehen lassen, sondern sich immer darauf vorbereitet.
So möchte ich mich heute mit Ihnen auf das Kommen des Herrn vorbereiten und ihre Aufmerksamkeit dabei auf Grunderfahrungen lenken, die zum Advent gehören. Als Zeichen, dass mit Christus Licht in die Welt kommt, stelle ich eine Kerze in die Mitte.

Auf einem gelben Tuch wird eine Kerze in die Mitte gestellt und entzündet.

Stille und Warten

V: Halten wir am Beginn eine Zeit der Stille und versuchen wir, auch innerlich ruhig zu werden.

Kurze Stille

V: Stille und Ruhe – beides gehört zum Advent. Beides ist verbunden mit Warten und einer Er-Wartung. Wann geht es weiter, was kommt jetzt? Das ist oft schwer auszuhalten. Vielleicht erinnern Sie sich an Ihre Kindheit; die Tage vor Weihnachten vergingen oft quälend langsam. Es baute sich eine Vorfreude und eine Spannung auf, die sich löste, als am Heiligen Abend die Geschenke überreicht wurden. Wir müssen das Warten aushalten. Die Zeit des Wartens ist noch nicht die Zeit der Erfüllung.

Lied: Wir sagen euch an den lieben Advent (GL 223)

Gemeinschaft

V: Wir sind nicht allein auf der Welt, und auch den Glaubensweg gehen wir mit anderen. Im Lied heißt es, wir sollen dem Herrn den Weg bereiten und uns »eins um das andere« annehmen, um Güte in die Welt zu tragen. Tun wir es konkret, indem wir die Menschen, die uns wichtig und verbunden sind, in Gedanken in den Raum holen und in unser Gebet nehmen. Denken wir an die Menschen, die uns auf unserem Lebensweg begleitet und das Leben mit uns geteilt haben. Stellen wir für sie ein Licht auf. Ich lade Sie ein, zu sagen, an wen Sie jetzt denken.

Äußerungen wie (Ehe-)Partner, Kinder, Enkel, Urenkel, Freunde, Nachbarn, Kollegen, Pfleger ... können fallen bzw. ergänzt werden. Nach jeder Äußerung wird ein Teelicht zur Kerze auf das Tuch gestellt.
Singen die Mitfeiernden gern, kann nach jeder Äußerung zum Aufstellen des Teelichts der Liedruf »Mache dich auf und werde licht« (GL 219) gesungen werden. Ansonsten wird das Lied nur zum Abschluss gesungen.

Lied: Mache dich auf und werde licht (GL 219)

Hoffnung

Mit grünen Tüchern und/oder Tannenzweigen wird das gelbe Tuch samt Kerze und Teelichten eingefasst und ein Adventskranz darum gebildet. Die Klangschale wird angeschlagen.

V: Der Ton wird immer leiser. Im Leben sind oft die leisen Töne die wichtigen. Im Trubel überhört man sie leicht, aber häufig sind sie es, die Hoffnung machen. Man muss aufmerksam sein, um auf sie zu achten. Oft äußert sich die Sehnsucht nicht im Geschrei, sondern in den leisen Tönen. Achten wir auf die Sehnsucht im Herzen, dass einer kommt, der den Weg zum Guten zeigt und alles gut machen wird. Er *ist* in die Welt gekommen, aber nicht mit Pauken und Trompeten, sondern leise, beinahe unbemerkt. Der Advent kann uns ermuntern, aufmerksam zu werden für das Leise, das Unscheinbare um uns herum, das uns hoffen lässt und das uns hilft, das Leben zu meistern.
Wer mag, kann sagen, was ihr/ihm Hoffnung macht.

Nach jeder Äußerung wird ein Teelicht auf den Kranz aus Tüchern bzw. Zweigen gestellt. Zum Abschluss wird nochmals die Klangschale angeschlagen.

Lied: Komm, du Heiland aller Welt (GL 227)

Danken und Wünschen

Je nach den räumlichen Gegebenheiten und der Zusammensetzung der Gruppe kann ein Körbchen mit zugedeckten Strohhalmen herumgegeben werden. Die Anwesenden sollen fühlen, was sich in der Mitte verbirgt, aber noch nichts verraten. Danach können sie sich äußern: Wie war das, was ich erfühlt habe?
Sollte das als zu schwierig erscheinen, kann gleich mit dem nächsten Schritt begonnen werden: Alle schließen die Augen und bekommen einen Strohhalm in die Hand, lassen ihn dort ruhen, nehmen ihn wahr …

V: Vieles ist uns im Leben in die Hand gegeben worden, einfach so … – Dafür dürfen wir dankbar sein.
Sterne am Himmel haben etwas Anziehendes. Sie weisen über unsere erlebbare Welt hinaus und vermitteln, dass es noch eine jenseitige Welt gibt. Mit ihr sind wir verbunden und in ihr aufgehoben. Auch dafür dürfen wir dankbar sein. In der Bibel sind es oft Sterne, die Menschen ihre Verbindung zu Gott zeigen und sie führen. Nehmen Sie sich einen Augenblick der Stille und überlegen Sie, wofür Sie in Ihrem Leben danken möchten.

Kurze Stille

Die Mitfeiernden werden eingeladen, ihren Dank auszusprechen. Zu jeder Äußerung wird ein Strohhalm in der Mitte abgelegt, sodass ein Stern entsteht. Anschließend wird ein Stern aus Papier gezeigt.

V: Lassen wir uns noch einmal eine kurze Zeit der Stille. Was Sie als Wunsch auf dem Herzen haben, können Sie in dieser Zeit als stillen Gedanken in diesen Stern hineinlegen.

Kurze Stille

V: Vertrauen wir darauf, dass der Stern unsere Wünsche zu Gott trägt.

Der Stern wird so zusammengefaltet, dass sich die Spitzen berühren, und in eine Schale mit Wasser gelegt. (Im Wasser wird er sich auffalten, während das Vaterunser gebetet und das Abschlusslied gesungen wird. Je dünner das Papier ist, desto schneller geht der Stern auf.)

V: Bringen wir unsere Bitten und unseren Dank im Gebet vor Gott – so wie es Jesus uns gelehrt hat:

Vaterunser

Lied: Macht hoch die Tür (GL 218)

Segen

V: Guter Gott, sei mit uns in der Zeit der Erwartung.
Erfülle uns mit innerer Ruhe und stärke unsere Hoffnung.
Nimm unsere Bitten und Wünsche an.

Schenke uns Freude und Zufriedenheit, wenn sie erfüllt werden, und Gelassenheit, wenn sie unerfüllt bleiben.
Segne unsere Gemeinschaft und mach uns bereit für dein Kommen. Amen.

Kopiervorlage »Wunschstern«

Heiliger Abend: Stille Nacht

Lukas 2,1–14 (mit Kommunionfeier)

- *Findet der Gottesdienst in einer Kirche oder Kapelle statt, wird das Gefäß mit den konsekrierten Hostien zur Litanei auf den Altar übertragen. Ansonsten wird das Gefäß bereits am Beginn an einen würdigen Platz gestellt. Entfällt die Kommunionspendung, kann auch auf die Litanei verzichtet werden.*

Lied: Macht hoch die Tür (GL 218)

Begrüßung

V: Kein Fest hat bei uns solche Bedeutung wie Weihnachten. Es ist das Fest des Schenkens, der Freude und der Gemeinschaft. Gerade heute vermissen Sie wohl in besonderem Maß einige Menschen, die Ihnen am Herzen liegen. Wir halten deshalb eine kurze Stille, in der wir an alle denken, die mit uns verbunden sind. Mit vielen haben wir schon Weihnachten gefeiert, die jetzt nicht bei uns sein können. Auch sind viele davon bereits verstorben.

Kurze Stille

V: Nehmen wir all diese Menschen jetzt in unser Gebet.
Beginnen wir im Namen des Vaters ...

Kyrie

V: Gerade an solchen Tagen wie heute merken wir, dass auf der Welt vieles im Argen liegt. Auch spüren wir besonders unsere persönlichen Nöte – am Körper und an der Seele. Ich lade Sie am Beginn unserer Feier ein, alles, was Sie bedrückt, bei Gott abzuladen. So wollen wir uns besinnen und das Erbarmen des Herrn auf uns herabrufen.
V: Herr, Jesus Christus, du bist vom Vater gesandt, um unsere Wunden zu heilen. Kyrie, eleison.
A: Kyrie, eleison.
V: Herr, Jesus Christus, du bist gekommen und hast das Leben der Menschen geteilt. Christe, eleison.
A: Christe, eleison.
V: Herr, Jesus Christus, du bleibst allezeit bei uns. Kyrie, eleison.
A: Kyrie, eleison.

Vergebungsbitte

V: Allmächtiger Gott, beschenke uns mit deinem Erbarmen. Vergib uns alle Schuld und führe uns in deine Herrlichkeit. Amen.

Lied zum Gloria: Lobt Gott, ihr Christen alle gleich (GL 247, 1.–3. Strophe)

Gebet

V: Herr, unser Gott, in dieser heiligen Nacht ist unser Heiland und Erlöser geboren. Er hat in die Dunkelheit der Welt das Licht gebracht, das auch uns erleuchten und wärmen soll. Öffne unser Herz und unseren Verstand, damit dieses Licht uns wärmt und erleuchtet. Darum bitten wir durch Jesus Christus. Amen.

Hl. Schrift: Jesaja 9,1–6

L: Lesung aus dem Buch Jesaja:

Das Volk, das in der Finsternis ging, sah ein helles Licht; über denen, die im Land des Todesschattens wohnten, strahlte ein Licht auf. Du mehrtest die Nation, schenktest ihr große Freude. Man freute sich vor deinem Angesicht, wie man sich freut bei der Ernte, wie man jubelt, wenn Beute verteilt wird. Denn sein drückendes Joch und den Stab auf seiner Schulter, den Stock seines Antreibers zerbrachst du wie am Tag von Midian. Jeder Stiefel, der dröhnend daherstampft, jeder Mantel, im Blut gewälzt, wird verbrannt, wird ein Fraß des Feuers. Denn ein Kind wurde uns geboren, ein Sohn wurde uns geschenkt. Die Herrschaft wurde auf seine Schulter gelegt. Man rief seinen Namen aus: Wunderbarer Ratgeber, Starker Gott, Vater in Ewigkeit, Fürst des Friedens. Die große Herrschaft und der Frieden sind ohne Ende auf dem Thron Davids und in seinem Königreich, es zu festigen und zu stützen durch Recht und Gerechtigkeit, von jetzt an bis in Ewigkeit. Der Eifer des Herrn der Heerscharen wird das vollbringen.

Antwortgesang: Hört, es singt und klingt mit Schalle (GL 240)

Hl. Schrift: Lukas 2,1–14

V: Aus dem heiligen Evangelium nach Lukas:

Es geschah aber in jenen Tagen, dass Kaiser Augustus den Befehl erließ, den ganzen Erdkreis in Steuerlisten einzutragen. Diese Aufzeichnung war die erste; damals war Quirinius Statthalter von Syrien. Da ging jeder in seine Stadt, um sich eintragen zu lassen. So zog auch Josef von der Stadt Nazaret in Galiläa hinauf nach Judäa in die Stadt Davids, die Betlehem heißt; denn er war aus dem Haus und Geschlecht Davids. Er wollte sich eintragen lassen mit Maria, seiner Verlobten, die ein Kind erwartete. Es geschah, als sie dort waren, da erfüllten sich die Tage, dass sie gebären sollte, und sie gebar ihren Sohn, den Erstgeborenen. Sie wickelte ihn in Windeln und legte ihn in eine Krippe, weil in der Herberge kein Platz für sie war. In dieser Gegend lagerten Hirten auf freiem Feld und hielten Nachtwache bei ihrer Herde. Da trat ein Engel des Herrn zu ihnen und die Herrlichkeit des Herrn umstrahlte sie und sie fürchteten sich sehr. Der Engel sagte zu ihnen: Fürchtet euch nicht, denn siehe, ich verkünde euch eine große Freude, die dem ganzen Volk zuteilwerden soll: Heute ist euch in der Stadt Davids der Retter geboren; er ist der Christus, der Herr. Und das soll euch als Zeichen dienen: Ihr werdet ein Kind finden, das, in Windeln gewickelt, in einer Krippe liegt. Und plötzlich war bei dem Engel ein großes himmlisches Heer, das Gott lobte und sprach: Ehre sei Gott in der Höhe und Friede auf Erden den Menschen seines Wohlgefallens.

Auslegung der Weihnachtsbotschaft

V: Am Ende des Gottesdienstes werden wir »Stille Nacht, heilige Nacht« singen. Für manche ist das wahrscheinlich sogar der Höhepunkt der Feier. Dieses Lied gehört zu Weihnachten wie sonst vielleicht noch die Geschenke, Verwandtschaftsbesuche oder ein gutes Essen. Es passt so hervorragend zu Weihnachten, weil es eine feierliche Stimmung verbreitet. Es klingt nach Idylle. Weihnachten ist ja das Fest der Liebe und der Fürsorge.

Es lohnt sich allerdings, genauer auf das Lied zu hören und auf seine Entstehung zu achten. Es ist die Rede von »Stille« und

»Nacht«, in der ein Paar »einsam wacht«. Wenn man in der Nacht wach ist und einsam, und alles um einen ist still – das ist schlimm und bedrohlich. Die meisten von Ihnen kennen das: Nächte, in denen man nicht schlafen kann. Dann kommt die Sehnsucht auf, dass es hell wird und dass endlich jemand da ist.
So war es auch zur Zeit der Entstehung des Liedes vor ca. 200 Jahren. Es entstand im Salzburger Land. Wie große Teile Europas war auch diese Gegend von den Kriegen Napoleons zerstört. Es herrschte Not, es gab schlechte Ernten, viele hatten ihre Angehörigen oder ihren Besitz verloren.
In diese Not bringt der junge Pfarrer Joseph Mohr mit dem Lied die Weihnachtsbotschaft. Es soll ein Trost sein für die Menschen: Genau in diese Welt, in diese elenden Zustände kommt Gott. Gott ist nicht nur da, wo alles heil und perfekt ist, wo die Menschen satt sind. Gott ist auch da, wo Not ist, wo die Menschen bedroht sind. Wie Maria und Josef kennt Jesus die Not. Er liegt nicht in einem herrschaftlichen Palast. Maria legt ihn in eine Krippe in einem Ort am Ende der Welt.
Gott kommt zu den Bedürftigen: Das galt vor 2000 Jahren, vor 200 Jahren, es gilt heute. Diesen Trost will das Lied vermitteln. So dürfen wir auch heute voller Hoffnung singen: Christ, der Retter ist da!

Glaubensbekenntnis

V: Bekennen wir gemeinsam unseren Glauben:
Ich glaube an Gott ...

Fürbitten

L: In der Freude, die uns dieses Fest bereitet, rufen wir voller Zuversicht zu Jesus Christus, unserem Herrn und Gott.
(Du Heiland und Retter – A: Wir bitten dich, erhöre uns.)

- Bestärke die Kirche in ihrem Einsatz für den Frieden.
- Sei bei den Menschen, die in Armut und unwürdigen Verhältnissen leben.
- Mache uns offen und einfühlsam füreinander, damit wir bei unseren Begegnungen während der Weihnachtstage unsere Freuden und Sorgen teilen können.
- Erhelle die Tage und auch die schlaflosen Nächte der Kranken und schenke ihnen Menschen, die ihnen zuhören und für sie da sind.
- Tröste alle, die um eine oder einen Verstorbenen trauern, und sei du ihnen das Licht der Hoffnung.

Denn du hast der Menschheit den Frieden gebracht, nach dem sie sich sehnt. Zeige dich auch in unseren Tagen, damit wir dankbar in das Lob der Engel einstimmen. Amen.

Vaterunser

V: All unsere Bitten, aber auch unseren Dank nehmen wir in das Gebet, das Jesus selbst uns hinterlassen hat: Vater unser ...

Lied: Engel auf den Feldern singen (GL 250)

Litanei: GL 675,2

Das Gefäß mit den Hostien wird dazu von V auf den Altar bzw. den Tisch gestellt.

Lied: Ich steh an deiner Krippe hier (GL 256)

Friedensgruß

V: Als Töchter und Söhne des Vaters im Himmel sind wir miteinander in seinem Frieden verbunden. Daher geben wir einander diesen Frieden weiter mit einer Geste oder einem Händedruck.

Kommunionspendung

V: Seht das Lamm Gottes,
das hinwegnimmt die Sünde der Welt.
A: Herr, ich bin nicht würdig ...

Austeilung der Kommunion. Das Gefäß mit den Hostien wird danach wieder an seinen würdigen Ort gebracht.

Dankgesang: Nun freut euch, ihr Christen (GL 241)

Schlussgebet:

V: Herr, unser Gott, dein Sohn ist uns als Retter erschienen. Gib uns die Gnade, dass wir seine Güte und Menschenfreundlichkeit an uns selbst erfahren und sie an andere weitergeben können. Darum bitten wir durch Christus, der in Ewigkeit mit dir lebt und herrscht. Amen.

Segen

V: Gott, der uns Christus als Retter gesandt hat, segne uns.
Er lasse sein Licht in unserem Leben aufstrahlen.
Er lasse uns seine Gnade spüren.
Er schenke uns Zufriedenheit.

Er nehme uns alle Furcht vor der Zukunft.
Er gebe uns Freude über seine Gegenwart.
Er schenke uns Frieden mit uns selbst und anderen.
Das gewähre uns am Fest der Geburt unseres Erlösers
der dreieinige Gott, der Vater und der Sohn und der Heilige Geist.
Amen.

V: Lasst uns gehen in Frieden.
A: Dank sei Gott, dem Herrn.

Schlusslied: Stille Nacht (GL 249)

Gottesdienst mit Aschenauflegung

Matthäus 6,1-6.16-18

- *Material: Schale mit Asche, Kerze, Scherben, Pflaster, Herz*

Lied: Wo zwei oder drei (GL 838)
oder: Sonne der Gerechtigkeit (GL 269)

V: Im Namen des Vaters ...

Einführung

V: Mit dem Aschermittwoch beginnt die Fastenzeit, die Zeit der Vorbereitung und Einstimmung auf Ostern. Ostern, das Fest der Auferstehung, bedeutet: Gott nimmt vom Menschen alles Böse, sogar den Tod.

Die Schale mit Asche wird gezeigt.

V: Das Zeichen für den Aschermittwoch ist die Asche. Sie ist das Symbol der Vergänglichkeit. Sie macht deutlich: Das Leben ist vergänglich, der Genuss ist vergänglich, aber ebenso ist auch die Schuld vergänglich. Lassen wir uns heute die Asche auflegen, bekennen wir unsere Fehler und unsere Schuld. Dieses Zeichen sagt uns aber auch, dass das Böse und die Sünde nicht für immer bleiben. Gott tilgt das Fehlerhafte, das Misslungene, die Sünden in unserem Leben.

Lied: O Herr, nimm unsere Schuld (GL 273)

Kyrie *(mit Symbolen unterstreichen)*
V: Herr, dein Wort leuchtet in unsere Zeit und unser Dasein.

Eine Kerze entzünden.

V: Am Beginn der Fastenzeit denken wir über unser Leben nach. Im Vertrauen auf deine Barmherzigkeit legen wir all das bei dir ab, was uns belastet, bedrückt und unser Dasein verdunkelt. Wir wissen und bekennen, dass zu unserem Leben Schuld, Versagen und Misslingen gehören.
Wir sind Gott gegenüber schuldig geworden, weil wir seine Gebote und Weisungen nicht beachtet haben. Damit haben wir uns ins Dunkel der Sünde gesetzt – Herr, erbarme dich.

Kerze auslöschen.

V: Wir sind unseren Mitmenschen gegenüber schuldig geworden, weil wir sie durch Worte oder Taten verletzt haben und dadurch etwas in unserer Beziehung zu ihnen zu Bruch gegangen ist – Christus, erbarme dich.

Scherben in die Mitte legen.

V: Wir sind uns selbst gegenüber schuldig geworden, weil wir versäumt haben, auf uns selbst zu achten und uns Gutes zu tun. Wir haben uns selbst geschadet und Wunden zugefügt – Herr, erbarme dich.

Pflaster in die Mitte legen.

Gebet

V: Gott, du kennst uns besser, als wir selbst uns kennen.
Auch wenn wir Fehler machen, bleibst du uns treu.
Gib uns Kraft, damit wir allem Bösen widerstehen können.
Stärke unser Vertrauen in dich.
Hilf uns, dass wir das Gute erkennen und danach handeln.
Darum bitten wir durch Jesus Christus.

Lied: Ich steh vor dir mit leeren Händen, Herr (GL 422)

Hl. Schrift: Matthäus 6,1–6.16–18

L: Aus dem heiligen Evangelium nach Matthäus:

In jener Zeit sprach Jesus zu seinen Jüngern: Hütet euch, eure Gerechtigkeit vor den Menschen zu tun, um von ihnen gesehen zu werden; sonst habt ihr keinen Lohn von eurem Vater im Himmel zu erwarten. Wenn du Almosen gibst, posaune es nicht vor dir her, wie es die Heuchler in den Synagogen und auf den Gassen tun, um von den Leuten gelobt zu werden! Amen, ich sage euch: Sie haben ihren Lohn bereits erhalten. Wenn du Almosen gibst, soll deine linke Hand nicht wissen, was deine rechte tut, damit dein Almosen im Verborgenen bleibt; und dein Vater, der auch das Verborgene sieht, wird es dir vergelten. Wenn ihr betet, macht es nicht wie die Heuchler! Sie stellen sich beim Gebet gern in die Synagogen und an die Straßenecken, damit sie von den Leuten gesehen werden. Amen, ich sage euch: Sie haben ihren Lohn bereits erhalten. Du aber, wenn du betest, geh in deine Kammer, schließ die Tür zu; dann bete zu deinem Vater, der im Verborgenen ist! Dein Vater, der auch das Verborgene sieht, wird es dir vergelten. Wenn ihr fastet, macht kein finsteres

Gesicht wie die Heuchler! Sie geben sich ein trübseliges Aussehen, damit die Leute merken, dass sie fasten. Amen, ich sage euch: Sie haben ihren Lohn bereits erhalten. Du aber, wenn du fastest, salbe dein Haupt und wasche dein Gesicht, damit die Leute nicht merken, dass du fastest, sondern nur dein Vater, der im Verborgenen ist; und dein Vater, der das Verborgene sieht, wird es dir vergelten

Veranschaulichung und Deutung

V: Häufig fällt in dieser Schriftstelle der Ausdruck »das Verborgene«. Es geht also um das, was niemand sehen kann. Wichtig ist demzufolge nicht der äußere Schein, den jemand ausstrahlt, sondern wie es im Inneren eines Menschen aussieht. Die innere Einstellung muss stimmen.

Ein Herz in die Mitte legen.

V: Das Herz ist im Inneren des Körpers verborgen, aber es ist entscheidend für unser Leben. Es gibt uns den Takt vor und bestimmt unser Wohlbefinden. Wichtig ist, wie es in unserem Herzen aussieht und was aus unserem Herzen kommt. Denn die Einstellung hinter dem, was wir tun, ist für die Menschen unsichtbar, für Gott aber sichtbar. Er sieht in unser Herz, er kennt uns im Innersten. Gott möchte, dass wir unser Herz auf ihn ausrichten. Das gilt besonders für die Fastenzeit, aber auch darüber hinaus.

Lied: Erbarme dich, erbarm dich mein, Herr (GL 268)

Gebet und Segnung der Asche

V: Barmherziger Gott, dein Sohn ist gekommen, um uns den Weg zu dir zu weisen, damit wir nicht verlorengehen. Du hast ein Herz für die Sünder, die sich mit dir versöhnen möchten. Wir wissen: Unser Leben ist vergänglich und wir tragen manche Schuld mit uns.

Segne diese Asche, damit sie für uns zum Zeichen wird, dass auch unsere Schuld vergeht, weil du sie von uns nimmst. Segne uns und vergib uns unsere Sünden. Darum bitten wir durch Christus, unseren Herrn.

Auflegen der Asche

Dabei wird der Satz gesprochen:

V: Staub bist du und zum Staub kehrst du zurück (Gen 3,19b).

Fürbitten

L: Christus sagt: Ich bin nicht gekommen, um Gerechte zu rufen, sondern Sünder (Mt 9,13b). Ihn wollen wir bitten. (Antwort: Herr, erbarme dich!)

- Wenn Menschen über ihre Lebensgeschichte nachdenken: Gib ihnen den Mut, ehrlich zu sich selbst zu sein.
- Wenn Menschen ihre Fehler erkennen: Gib ihnen die Gnade, mit deiner Liebe auf sich selbst zu schauen.
- Wenn Menschen in Streit leben: Gib ihnen die Kraft, den ersten Schritt zur Versöhnung zu tun.
- Wenn Menschen nach Anerkennung suchen: Gib ihnen die Stärke, oberflächlichem Beifall zu widerstehen, und lass sie wahre Freundschaften finden.

– Gib uns allen die Bereitschaft, das Gute im Verborgenen zu tun.

Gott, du siehst das Verborgene. Richte unsere Herzen auf dich aus, damit wir in Einklang mit uns selbst, mit den Menschen und mit dir leben. Darum bitten wir durch Christus, unseren Herrn. Amen.

Vaterunser

Gebet

V: Barmherziger Gott, du willst nicht den Tod des Sünders, sondern dass er lebt. Gib uns die Kraft, falsche Lebenswege zu erkennen. Stärke uns, damit wir unsere Herzen auf dich ausrichten und deine Gebote halten können. Darum bitten wir durch Christus, unseren Herrn.

Segenslied: Komm, Herr, segne uns (GL 451)

Ein Fasten, wie ich es wünsche

Jesaja 58,6–10

- *Material: Zettel, Stift, Seil, Brot, Kleidungsstück, Licht, Pflaster*

Lied: Wo zwei oder drei (GL 838)
oder: Erbarme dich, erbarme dich mein (GL 268)

V: Im Namen des Vaters …

Einführung

V: Die Kirche begeht die Fastenzeit. Die Christen auf der ganzen Welt bereiten sich auf Ostern vor. In der Zukunft ahnt man schon das leere Grab, das Licht der Auferstehung. Aber zuvor erleben wir das Dunkel, den Schrecken, das Leid. Denn das Leben steht immer in der Spannung zwischen Gutem und Bösen, Licht und Dunkel, Glück und Unglück. – Halten wir einen Augenblick der Stille. Überlegen Sie, an was Sie denken, wenn Sie die Worte »Dunkel« und »Leid« hören.

Stille. Anschließend können die Mitfeiernden ihre Gedanken mitteilen. Die Äußerungen der Mitfeiernden werden auf Zetteln mitgeschrieben und in der Mitte abgelegt.

V: Vertrauen wir all das Gott an; hoffen und beten wir, dass er es annimmt und mitträgt.

Kyrie

V: Herr, unser Gott, wir verstricken uns immer wieder in Unrecht. Du willst es beseitigen – Herr, erbarme dich.
Wir verspüren die Sehnsucht nach Anerkennung, Liebe und Geborgenheit. Du willst sie stillen – Christus, erbarme dich.
Wir bekommen immer aufs Neue Wunden zugefügt an Körper und Seele. Du willst sie heilen – Herr, erbarme dich.

Lied: Meine engen Grenzen (GL 437)

Gebet

V: Allmächtiger und barmherziger Gott, du siehst auf unser Herz. Du weißt, wie es in unserem Inneren um uns bestellt ist. Schenke uns deine Gnade, damit wir uns mit reinem Herzen auf das Osterfest vorbereiten. Darum bitten wir durch Jesus Christus, unseren Herrn. Amen.

Hl. Schrift: Jesaja 58,6–10

L: Lesung aus dem Buch Jesaja:
Ist nicht das ein Fasten, wie ich es wünsche: die Fesseln des Unrechts zu lösen, die Stricke des Jochs zu entfernen, Unterdrückte freizulassen, jedes Joch zu zerbrechen? Bedeutet es nicht, dem Hungrigen dein Brot zu brechen, obdachlose Arme ins Haus aufzunehmen, wenn du einen Nackten siehst, ihn zu bekleiden und dich deiner Verwandtschaft nicht zu entziehen? Dann wird dein Licht hervorbrechen wie das Morgenrot und deine Heilung wird schnell gedeihen. Deine Gerechtigkeit geht dir voran, die Herrlichkeit des Herrn folgt dir nach. Wenn du dann rufst, wird der Herr dir Antwort geben, und wenn du um Hilfe schreist, wird er

sagen: Hier bin ich. Wenn du Unterjochung aus deiner Mitte entfernst, auf keinen mit dem Finger zeigst und niemandem übel nachredest, den Hungrigen stärkst und den Gebeugten satt machst, dann geht im Dunkel dein Licht auf und deine Finsternis wird hell wie der Mittag.

Veranschaulichung und Deutung

V: In allen Religionen und Kulturen spielt das Fasten eine Rolle. Auch wir Christen sollen in der Vorbereitung auf Ostern fasten. Aber was heißt das? Der Text des Propheten Jesaja erklärt es.

Ein Seil wird gezeigt.

V: Menschen erleiden Unrecht und sind gefangen. Jeder ist an Dinge, an Einstellungen gefesselt, die ihm nicht guttun. Sich vom Bösen zu lösen, ist ein Fasten, das Gott gefällt.

Das Seil wird in der Mitte abgelegt.
Ein Brot wird gezeigt.

V: Zum Fasten gehört die Bereitschaft zu teilen, Gemeinschaft zu pflegen; kurzum: Herz und Ohr für andere zu öffnen.

Das Brot wird in der Mitte abgelegt.
Ein Kleidungsstück wird gezeigt.

V: Fasten heißt: Not lindern und beseitigen. Dazu muss ich wahrnehmen, wo etwas fehlt, und ich muss das mir Mögliche tun, den Mangel zu beheben.

Das Kleidungsstück wird in der Mitte abgelegt.
Ein Licht wird entzündet und gezeigt.

V: Beim Fasten geht es darum, Licht in die Welt zu bringen. An dem Ort, an dem ich mich gerade befinde, kann ich durch meine Aufmerksamkeit in kleinen Dingen zu einer freundlichen und lebenswerten Welt beitragen.

Das Licht wird in der Mitte abgestellt.
Ein Pflaster wird gezeigt.

V: Wer in dieser Haltung lebt und handelt, ist mit sich selbst, mit den anderen und mit Gott im Reinen, weil er in Eintracht lebt und zur Versöhnung bereit ist. Ein solches Fasten heilt Wunden, die wir uns selbst und auch anderen zugefügt haben.

Das Pflaster wird in der Mitte abgelegt.

V: Fasten bedeutet also keinen aufgezwungenen Verzicht auf die schönen Dinge des Lebens. Vielmehr geht es darum, die Aufmerksamkeit auf einen menschlichen Umgang miteinander zu legen und sich auf das zu konzentrieren, was unser Leben wirklich hell und glücklich macht.

Wiederholung der Lesung: Jesaja 58,6–10

Lied: O Herr, nimm unsre Schuld (GL 273)

Fürbitten

L: Gott, wir hoffen auf dein Erbarmen. Deshalb kommen wir mit unseren Bitten zu dir.

- Löse in uns die Fesseln, die uns an das Böse binden.
- Öffne den Menschen die Augen für die Not in der Welt.
- Beschütze die Menschen, die uns am Herzen liegen.
- Schenke unseren Verstorbenen die Vollendung in deinem Reich.
- In Stille bringen wir unsere Sorgen und Anliegen zu dir, Gott.

Stille

Herr, unser Gott, du willst, dass wir gut miteinander umgehen. Lass uns in der Liebe zu den anderen wachsen. Darum bitten wir durch Christus, unseren Herrn. Amen.

Vaterunser

Segenslied: Bewahre uns, Gott, behüte uns, Gott (GL 453)

Totengedenken

1 Thessalonicher 4,13–14

- *Material: Fotoalbum, Teelichte*

Lied: Wir sind nur Gast auf Erden (GL 505)

V: Im Namen des Vaters ...

Einführung

V: Wir sind zusammengekommen, um miteinander an die verstorbenen Bewohnerinnen und Bewohner dieses Hauses (*oder: unserer Gemeinschaft*) zu denken. Schließen wir aber auch die Verstorbenen außerhalb dieses Hauses (*unserer Gemeinschaft*) ins Gedenken und ins Gebet ein. Denken wir an die verstorbenen Menschen, die Ihnen nahestanden: Angehörige, Freundinnen und Freunde, Bekannte. In dieser Andacht holen wir sie in Gedanken noch einmal in unsere Mitte.

Sie bringen viele Erinnerungen an diese Menschen mit. Es sind sicher viele gute Erinnerungen dabei; vielleicht auch manche, die man gern aus dem Gedächtnis streichen oder die man nachträglich gern verändern würde. Aber sie sind alle ein Teil Ihres Lebens und dürfen darin ihren Platz haben. Deshalb sollen diese Erinnerungen auch hier im Gottesdienst zur Sprache kommen.

Das Fotoalbum wird gezeigt und in die Mitte gelegt.

V: Wenn die Zeit längst vergangen ist und manche Menschen gar nicht mehr anwesend sind, sind bestimmte Ereignisse doch noch nicht vergessen. Sie sind in uns aufbewahrt wie in diesem Album. Und über vieles, worüber man sich damals aufregte und vielleicht sogar in Streit geriet, kann man heute milde urteilen, vielleicht sogar lachen.
Unser Glaube sagt: Gott vergisst keinen Menschen. Jedes Leben, jeder Mensch ist bei ihm für die Ewigkeit bewahrt und aufgehoben. Mit seiner Güte und Milde schaut er darauf.

Lied: Wer nur den lieben Gott lässt walten (GL 424, 1.–3. Strophe)

Gebet

V: Allmächtiger Gott, du hast Jesus Christus von den Toten auferweckt. Wir glauben, dass du keinen Menschen dem Tod überlässt. Stärke unsere Hoffnung, dass du auch uns zum ewigen Leben führen wirst. Darum bitten wir durch ihn, Jesus Christus, unseren Herrn. Amen.

Hl. Schrift: 1 Thessalonicher 4,13–14

L: Lesung aus dem ersten Brief an die Thessalonicher:
Schwestern und Brüder, wir wollen euch über die Entschlafenen nicht in Unkenntnis lassen, damit ihr nicht trauert wie die anderen, die keine Hoffnung haben. Denn wenn wir glauben, dass Jesus gestorben und auferstanden ist, so wird Gott die Entschlafenen durch Jesus in die Gemeinschaft mit ihm führen.

Totengedenken

V: In Stille und Dankbarkeit denken wir jetzt an die Verstorbenen und stellen für jede und jeden ein Teelicht an die Kerze. Dieses schlichte Zeichen drückt aus, was wir glauben und hoffen dürfen: Im Licht Gottes schauen sie das ewige und unvergängliche Licht der Auferstehung. Sie leben in Gemeinschaft mit Gott.

Die Namen der Verstorbenen werden verlesen. Bei jedem Namen wird ein Teelicht entzündet und zur Kerze in die Mitte gestellt. Im Anschluss werden weitere Teelichte aufgestellt:

V: Wir stellen auch eine Kerze auf

- für die verstorbenen Ehepartner aller hier im Raum;
- für alle unsere verstorbenen Kinder;
- für unsere verstorbenen Eltern;
- für unsere verstorbenen Geschwister;
- für alle Verstorbenen, deren Name nicht genannt ist, mit denen wir aber im Herzen verbunden sind.

Wir stellen auch eine Kerze auf für denjenigen, den Gott als Nächstes aus unserer Gemeinschaft zu sich heimholen wird.

Stille

Lied: Ich steh vor dir mit leeren Händen, Herr (GL 422)

Fürbitten

L: Jesus Christus, der von den Toten auferweckt worden ist und uns das ewige Leben verheißen hat, bitten wir:

- Stärke uns in der Hoffnung auf das ewige Heil im Himmel.
- Bewahre in der Kirche die Zuversicht, dass die Toten auferstehen.
- Steh den Sterbenden bei und schenke ihnen Trost und Hoffnung.
- Vergib unseren Verstorbenen ihre Schuld und schenke ihnen das ewige Leben.

Denn du bist das Heil, die Auferstehung und das Leben. Dich loben wir und dir danken wir in Ewigkeit. Amen.

Vaterunser

Segen

V: Gott, du gehst alle Wege mit.
Begleite und stärke uns auch in der Trauer.
Bewahre in uns die Erinnerung an die Menschen,
mit denen wir in Liebe verbunden waren.
Lass uns Kraft schöpfen aus der Liebe,
die wir von ihnen empfangen haben,
und aus der Liebe, die wir ihnen geben konnten.
Das gewähre uns der liebende Gott,
der Vater und der Sohn und der Heilige Geist. Amen.

Lied: Wer unterm Schutz des Höchsten steht (GL 423)

Kreuzwegandacht

in Anlehnung an GL 683 und GL 684

- *Material: Dornenkrone, Kreuz, Stein, weißes Tuch, Hemd, schwarzes Tuch; Tisch bzw. Mitte, wo die Symbole sichtbar für die Gemeinschaft abgelegt werden*

Begrüßung und Eröffnung

V: Ich möchte mit Ihnen in sieben Stationen den Leidensweg Jesu mitgehen. Dabei will ich Sie zum Nachdenken anregen, was die Erfahrung der jeweiligen Station für unser Leben bedeuten kann. – Im Namen des Vaters ...

Gebet

V: Herr Jesus Christus, du hast dich der Macht der Menschen ausgeliefert. Du bist abgelehnt und verurteilt worden. Dein Leiden erfüllt uns mit Schmerz. Gemeinsam mit dir wollen wir den Leidensweg gehen.

V: Jesus Christus, du bist unser Herr und Bruder.

A: Jesus Christus, du bist unser Herr und Bruder.

Lied: Herzliebster Jesu (GL 290, 1. Strophe)

1. Station: Jesus wird zum Tode verurteilt

(Symbol: Dornenkrone)

V: Jesus Christus, dein Leiden erfüllt uns mit Schmerz.

A: Mit dir wollen wir den Leidensweg gehen.

Hl. Schrift: Johannes 19,14–16

L: Aus dem heiligen Evangelium nach Johannes:

Es war Rüsttag des Paschafestes, ungefähr die sechste Stunde. Pilatus sagte zu den Juden: Seht, euer König! Sie aber schrien: Hinweg, hinweg, kreuzige ihn! Pilatus sagte zu ihnen: Euren König soll ich kreuzigen? Die Hohepriester antworteten: Wir haben keinen König außer dem Kaiser. Da lieferte er ihnen Jesus aus, damit er gekreuzigt würde.

Meditation (*Die Dornenkrone wird gezeigt.*)

V: Ein König trägt eine Krone und er hat Macht. Könige, Herrscher suchen meist nach dem eigenen Vorteil. Um sich zu schützen und ihre Macht zu bewahren, sind sie angewiesen auf Waffen und auf die Zustimmung der Menschen. Aber das Reich Jesu ist nicht von dieser Welt; ohnmächtig steht er deshalb vor Pilatus – mit einer Krone aus Dornen gekrönt. Macht und Ohnmacht – beides gehört zum Leben.

Herr, lass mich standhaft bleiben, wenn ich bedrängt werde, und hilf mir, andere nicht vorschnell zu verurteilen.

Die Dornenkrone wird abgelegt.

Lied: Herzliebster Jesu (GL 290, 2. Strophe)

2. Station: Jesus nimmt das Kreuz auf seine Schultern

(*Symbol: Kreuz*)

V: Jesus Christus, dein Leiden erfüllt uns mit Schmerz.

A: Mit dir wollen wir den Leidensweg gehen.

Hl. Schrift: Jesaja 53,4a

L: Lesung aus dem Buch Jesaja:

Er hat unsere Krankheit getragen und unsere Schmerzen auf sich geladen.

Meditation (*Das Kreuz wird gezeigt.*)

V: Jesus ist ohne Schuld. Dennoch nimmt er das ungerechte Urteil an. Er lässt sich das Kreuz aufladen. Das Kreuz ist nie gerecht. Es wird Menschen aufgebürdet, auch wenn sie ohne Schuld sind. Jeden trifft es, ohne dass man es sich aussuchen könnte. Kreuz und Leid beugen jeden Menschen.

Herr, lehre mich, Leiden nicht zu ignorieren. Gib mir Kraft, mein eigenes Leid anzunehmen. Hilf mir, dass ich fremdes Leid mittragen kann.

Das Kreuz wird zur Dornenkrone gelegt.

Lied: Herzliebster Jesu (GL 290, 3. Strophe)

3. Station: Jesus fällt zum ersten Mal unter dem Kreuz

(*Symbol: Stein*)

V: Jesus Christus, dein Leiden erfüllt uns mit Schmerz.

A: Mit dir wollen wir den Leidensweg gehen.

Hl. Schrift: Jesaja 53,6b–7

L: Lesung aus dem Buch Jesaja:

Der Herr ließ auf ihn treffen die Schuld von uns allen. Er wurde bedrängt und misshandelt, aber er tat seinen Mund nicht auf. Wie ein Lamm, das man zum Schlachten führt, und wie ein Schaf vor seinen Scherern verstummt, so tat auch er seinen Mund nicht auf.

Meditation *(Der Stein wird gezeigt.)*
V: Jesus verlassen die Kräfte. Das Kreuz ist unerträglich. Jeder Mensch kennt das: Das Kreuz wird zu schwer, das Leid wird zu viel. Es wird un-erträglich, nicht mehr auszuhalten. Es geht nicht mehr. Man wird niedergedrückt, kann nicht mehr weiter. Es fehlt einem die Kraft für weitere Schritte.
Herr, wenn ich gefallen bin: in Schmerz, in Angst, in Schuld, in Einsamkeit, wenn ich nicht mehr weiterweiß und nicht mehr weiterkann, dann hilf mir, wieder aufzustehen.

Der Stein wird zur Dornenkrone und zum Kreuz gelegt.

Lied: Herzliebster Jesu (GL 290, 4. Strophe)

4. Station: Veronika reicht Jesus das Schweißtuch
(Symbol: weißes Tuch)
V: Jesus Christus, dein Leiden erfüllt uns mit Schmerz.
A: Mit dir wollen wir den Leidensweg gehen.

Hl. Schrift: Jesaja 50,6
L: Lesung aus dem Buch Jesaja:
Ich hielt meinen Rücken denen hin, die mich schlugen, und meine Wange denen, die mir den Bart ausrissen. Mein Gesicht verbarg ich nicht vor Schmähungen und Speichel.

Meditation *(Das weiße Tuch wird gezeigt.)*

V: Jesus schleppt sich auf seinem Weg nach Golgota durch die Menge der Gaffer. Aber eine Frau zeigt Mitgefühl und wischt ihm den Schweiß aus dem Gesicht. Es sind meist gar nicht die großen Dinge, die einem das Leben schwer machen – oder leichter. Wie bei Jesus kommt die Hilfe oft unerwartet, nicht durch große und schöne Worte, sondern durch eine kleine Geste. Sie geschieht im Vorübergehen, weil jemand mit einem offenen Herzen die Not des anderen wahrnimmt und *jetzt* das Seine bzw. das Ihre tut, um diese Not zu lindern.

Herr, lass mich dankbar sein für jede erfahrene Hilfe, für jedes Lächeln, für jedes gute Wort und jede ausgestreckte Hand.

Das weiße Tuch wird zu Dornenkrone, Kreuz und Stein gelegt.

Lied: O Haupt voll Blut und Wunden (GL 289, 1. und 2. Strophe)

5. Station: Jesus wird seiner Kleider beraubt

(Symbol: Hemd)

V: Jesus Christus, dein Leiden erfüllt uns mit Schmerz.

A: Mit dir wollen wir den Leidensweg gehen.

Hl. Schrift: Johannes 19,23–24

L: Aus dem heiligen Evangelium nach Johannes:

Die Soldaten nahmen seine Kleider und machten vier Teile daraus, für jeden Soldaten einen Teil, und dazu das Untergewand. Das Untergewand war aber ohne Naht von oben ganz durchgewoben. Da sagten sie zueinander: Wir wollen es nicht zerteilen, sondern darum losen, wem es gehören soll. So sollte sich das

Schriftwort erfüllen: Sie verteilten meine Kleider unter sich und warfen das Los um mein Gewand. Dies taten die Soldaten.

Meditation *(Das Hemd wird gezeigt.)*
V: Jesus wird alles genommen, buchstäblich auch noch das letzte Hemd. Er ist völlig bloßgestellt, entehrt. Da ist nichts mehr, womit er sich schützen kann. Eine furchtbare Erfahrung: nichts mehr zu haben, völlig nackt zu sein, jeglicher Würde beraubt, wehrlos den Blicken und den Worten anderer ausgeliefert.
Herr, verzeih, wenn ich jemanden bloßgestellt und in seiner Ehre verletzt habe.

Das Hemd wird zur Dornenkrone, zum Kreuz, zum Stein und zum weißen Tuch gelegt.

Lied: O Haupt voll Blut und Wunden (GL 289, 5. Strophe)

6. Station: Jesus stirbt am Kreuz
(Symbol: schwarzes Tuch)
V: Jesus Christus, dein Leiden erfüllt uns mit Schmerz.
A: Mit dir wollen wir den Leidensweg gehen.

Hl. Schrift: Lukas 23,44–46
L: Aus dem heiligen Evangelium nach Lukas:
Es war schon um die sechste Stunde, als eine Finsternis über das ganze Land hereinbrach – bis zur neunten Stunde. Die Sonne verdunkelte sich. Der Vorhang im Tempel riss mitten entzwei. Und Jesus rief mit lauter Stimme: Vater, in deine Hände lege ich meinen Geist. Mit diesen Worten hauchte er den Geist aus.

Das schwarze Tuch wird gezeigt. Dann werden mit ihm die Dornenkrone, das Kreuz, der Stein, das weiße Tuch und das Hemd zugedeckt.

Meditation

V: Finsternis. Was gibt es Schlimmeres, als verletzt zu werden, leiden zu müssen, gequält zu werden? Erleben zu müssen, dass es keinen Ausweg mehr gibt, dass es nicht mehr weitergeht? Das alles erlebt Jesus – und es endet im Tod. Das Leben – aus und vorbei! Aber es gibt den Vater, in dessen Hände er seinen Geist, sein Leben legt. Es gibt den Vater, in dessen Hände auch ich mein Leben legen kann, damit es dort gut geborgen ist.
Herr, ich danke dir, dass du der Welt durch deinen Tod das wahre Gesicht Gottes gezeigt hast. Darum glaube ich, dass auch ich in meinem Tod bei dir in guten Händen bin.

Lied: O Haupt voll Blut und Wunden (GL 289, 5. und 6. Strophe)

7. Station: Jesus wird in das Grab gelegt

V: Jesus Christus, dein Leiden erfüllt uns mit Schmerz.
A: Jesus Christus, dein Leiden erfüllt uns mit Schmerz.

Hl. Schrift: Lukas 23,53–55

L: Aus dem heiligen Evangelium nach Lukas:
Und Josef von Arimathäa nahm ihn vom Kreuz, hüllte ihn in ein Leinentuch und legte ihn in ein Felsengrab, in dem noch niemand bestattet worden war. Das war am Rüsttag, kurz bevor der Sabbat anbrach. Die Frauen in seiner Nachfolge, die mit Jesus aus

Galiläa gekommen waren, sahen das Grab und wie der Leichnam bestattet wurde.

Die Symbole werden entfernt, sodass die Mitte bzw. der Tisch leer ist.

Meditation

V: Leere. Stille. Wenn ein Mensch stirbt: Er fehlt, und mit ihm geht ein Stück des eigenen Lebens. Was soll man sagen? Es gibt keine Worte mehr. Es bleiben Leere und Stille und Trauer. Diese Trauer müssen wir aushalten, denn ab jetzt begleitet sie uns. Die Lücke, die der geliebte Mensch hinterlässt, gehört zu uns. Sie bleibt.
Aber das Grab hält Jesus nicht fest. Im Grab ist bereits der Keim der Auferstehung – auch für uns.

Lied: Mir nach, spricht Christus, unser Held (GL 461)

Schlussgebet

V: Herr Jesus Christus, mit dir sind wir den Weg des Leidens gegangen. Der Schmerz auf diesem Weg ist oft unerträglich. Ein Trost ist es, dann nicht allein zu sein. Wir glauben und danken dir, dass du im Leiden und Sterben bei jedem Einzelnen von uns bist.
Segne und begleite uns auf unserem weiteren Weg und führe uns in dein Reich. Im Namen des Vaters und des Sohnes und des Heiligen Geistes. Amen.

Der Weg nach Emmaus

Lukas 24,13–33a (mit Kommunionfeier)

- *Material: zwei Figuren, ein schwarzes Tuch, Scherben, ein grünes Tuch, Teelichte, ein rotes Tuch, Brot, Wein, ein gelbes Tuch, Sprechblase »Jesus ist auferstanden«; gegebenenfalls: Schale mit Hostie bzw. Brot(stücken)*
- *Hinweis: Die farbigen Tücher werden nach Möglichkeit so gelegt, dass ein Kreis entsteht, sodass die beiden Jünger wieder zu ihrem Ausgangspunkt (nach Jerusalem) zurückkommen.*
- *Die Gesprächsimpulse (auch einzelne davon) können verwendet werden, wenn in der Gruppe der Gottesdienstfeiernden ein entsprechendes Maß an Offenheit und genügend Zeit vorhanden ist.*

Lied: Wo zwei oder drei (GL 838)
oder: Freu dich, erlöste Christenheit (GL 337)

V: Im Namen des Vaters ...

Einführung

V: Wenn es darum geht, die Geschichte zwischen Gott und Mensch zu beschreiben, wird in der Bibel häufig das Bild vom Weg verwendet. Abraham muss sich auf den Weg machen; Mose führt das Volk Israel auf einem langen Weg durch die Wüste; der verlorene Sohn legt einen weiten Weg zurück, bis er schließlich wieder beim Vater ankommt. Auch in dieser Feier treffen wir

Menschen auf einem Stück ihres Lebensweges, der zugleich ein Stück ihres Glaubensweges ist.

Dank

V: Stimmen wir uns gemeinsam darauf ein, indem wir an unseren eigenen Lebensweg denken und dafür danken.
(Antwortvers: Herr, wir danken dir.)
L: Gott des Lebens, du hast uns ins Dasein gerufen und traust uns zu, dass wir unseren eigenen Weg gehen.

- Du lässt uns auf unserem Weg nicht allein, sondern bist bei uns mit deiner Kraft.
- Du nimmst uns Ängste und ermutigst uns, dass wir unseren Weg in der Gemeinschaft mit anderen gehen.

Gebet

V: Gott, du bist der Herr über alles, was lebt. Du hast alle Menschen in die Gemeinschaft mit dir gerufen. Gib uns die Kraft, dass wir dunkle Stunden überstehen und dir treu bleiben. Darum bitten wir durch Jesus Christus.

Lied: Im Jubel ernten (GL 443)

Hl. Schrift: Lukas 24,13–33a

L: Aus dem heiligen Evangelium nach Lukas:
Und siehe, am gleichen Tag waren zwei von den Jüngern auf dem Weg in ein Dorf namens Emmaus, das sechzig Stadien von Jerusalem entfernt ist. Sie sprachen miteinander über all das, was sich ereignet hatte. Und es geschah, während sie redeten und ihre Gedanken austauschten, kam Jesus selbst hinzu und ging

mit ihnen. Doch ihre Augen waren gehalten, sodass sie ihn nicht erkannten. Er fragte sie: Was sind das für Dinge, über die ihr auf eurem Weg miteinander redet? Da blieben sie traurig stehen und der eine von ihnen – er hieß Kleopas – antwortete ihm: Bist du so fremd in Jerusalem, dass du als Einziger nicht weißt, was in diesen Tagen dort geschehen ist? Er fragte sie: Was denn? Sie antworteten ihm: Das mit Jesus aus Nazaret. Er war ein Prophet, mächtig in Tat und Wort vor Gott und dem ganzen Volk. Doch unsere Hohepriester und Führer haben ihn zum Tod verurteilen und ans Kreuz schlagen lassen. Wir aber hatten gehofft, dass er der sei, der Israel erlösen werde. Und dazu ist heute schon der dritte Tag, seitdem das alles geschehen ist. Doch auch einige Frauen aus unserem Kreis haben uns in große Aufregung versetzt. Sie waren in der Frühe beim Grab, fanden aber seinen Leichnam nicht. Als sie zurückkamen, erzählten sie, es seien ihnen Engel erschienen und hätten gesagt, er lebe. Einige von uns gingen dann zum Grab und fanden alles so, wie die Frauen gesagt hatten; ihn selbst aber sahen sie nicht. Da sagte er zu ihnen: Ihr Unverständigen, deren Herz zu träge ist, um alles zu glauben, was die Propheten gesagt haben. Musste nicht der Christus das erleiden und so in seine Herrlichkeit gelangen? Und er legte ihnen dar, ausgehend von Mose und allen Propheten, was in der gesamten Schrift über ihn geschrieben steht. So erreichten sie das Dorf, zu dem sie unterwegs waren. Jesus tat, als wolle er weitergehen, aber sie drängten ihn und sagten: Bleibe bei uns; denn es wird Abend, der Tag hat sich schon geneigt! Da ging er mit hinein, um bei ihnen zu bleiben. Und es geschah, als er mit ihnen bei Tisch war, nahm er das Brot, sprach den Lobpreis, brach es und gab es ihnen. Da wurden ihre Augen aufgetan und sie erkannten ihn; und er entschwand ihren Blicken. Und sie sagten zueinander: Brannte nicht unser Herz in uns, als er unterwegs mit uns redete und uns den Sinn der Schriften eröffnete? Noch in derselben Stunde brachen sie auf und kehrten nach Jerusalem zurück.

Veranschaulichung und Deutung

V: In vielen Gegenden gibt es am Ostermontag die Emmaus-Spaziergänge. Die beiden Jünger hier sind allerdings nicht auf einem Spaziergang. Eher sind sie auf der Flucht. Nichts wie fort aus Jerusalem! Gerade ist dort Jesus gekreuzigt worden und die Jünger sind auseinandergestoben und haben sich versteckt. Sie wollen nicht die Nächsten sein, die am Kreuz enden.

Ein schwarzes Tuch wird vom Kreuz weg in die Mitte gelegt; darauf werden die Jünger gestellt und die Scherben gelegt.

V: Auch die beiden Jünger hatten ihre Hoffnung auf Jesus gesetzt und mussten die Verurteilung und Kreuzigung erleben. Ihr Glaube, vielleicht ihr ganzer Lebensplan, ist zerbrochen und liegt in Trümmern. In ihnen ist nur Trauer und Unverständnis.

Möglicher Gesprächsimpuls: In jeder Lebensgeschichte verändert sich der Glaube. Manch feste Vorstellung, die man hatte, trägt nicht mehr und zerbricht. Was macht den Glauben heute schwer – für einen selber, aber auch für die eigenen Kinder und (Ur-) Enkel?

V: Während sie dabei sind, die Ereignisse gemeinsam zu ordnen und zu verarbeiten, schließt sich ihnen ein Begleiter an. Verzweifelt und ratlos, wie sie sind, tut ihnen das gut. Es gibt jemanden, der ihnen zuhört und dem sie ihre Sorgen und Gedanken anvertrauen können. Weil der Fremde ihnen die Heilige Schrift erklärt, verändert sich die Stimmung der beiden Jünger. Ihnen tun sich neue Erkenntnisse auf. Sie bekommen die Hoffnung zurück, dass ihr Vertrauen in Jesus doch nicht falsch war.

Ein grünes Tuch wird an das schwarze angelegt und Teelichte darauf entzündet.

V: Sie finden einen neuen Zugang zu den Geschehnissen und können sie jetzt verstehen. Ihnen geht ein Licht auf, dass alles, was sie erlebt haben, doch einen Sinn hatte.

Möglicher Gesprächsimpuls: Was hat mir auf meinem Glaubensweg geholfen? Woraus schöpfe ich heute Hoffnung? Sollte der Impuls umgesetzt werden, können die Teelichte zu den Äußerungen der Mitfeiernden aufgestellt werden.

V: Die beiden Jünger merken, dass ihnen ihr Begleiter hilft, Klarheit über ihren gemeinsamen Weg mit Jesus zu bekommen. Sie suchen die Gemeinschaft mit ihm und drängen ihn, bei ihnen zu bleiben. Sie essen miteinander.

Ein rotes Tuch wird an das grüne angelegt; darauf Brot und Wein.

V: Um zum Glauben zu kommen, müssen die beiden Jünger bereit sein, sich beschenken zu lassen. Der Glaube wächst nicht aus sich heraus, er wird jedem Menschen vermittelt und geschenkt.

Erst, als er das Brot bricht und es ihnen gibt, erkennen die Jünger, dass es Jesus ist, der sie begleitet und gestärkt hat. Beim gemeinsamen Mahl gehen den beiden die Augen auf. Der Glaube braucht Momente der Gemeinschaft und Rituale des Feierns; er braucht Momente, in denen er bewusst in den Mittelpunkt gestellt wird, damit er aufleben und ins Bewusstsein steigen kann. In dem Augenblick, da die Jünger ihn erkannt haben, brauchen sie Jesus nicht mehr zu sehen. Sie haben ihn verstanden und tragen den Glauben an ihn jetzt in ihren brennenden Herzen.

Möglicher Gesprächsimpuls: An welche Ereignisse oder Momente erinnere ich mich, in denen mein Glaube bewusst im Mittelpunkt stand? Was hat ihn besonders gefestigt?

V: Aus der Begegnung mit dem auferstandenen Jesus heraus brauchen die beiden nicht länger zu flüchten. Sie haben Mut gefasst und können nach Jerusalem zurückkehren, um dorthin die Botschaft von der Auferstehung zu tragen.

Ein gelbes Tuch wird an das rote angelegt. Darauf die Sprechblase »Jesus ist auferstanden«.

Möglicher Gesprächsimpuls: Welche Botschaft kann ich aus meiner persönlichen Glaubensgeschichte den anderen Menschen bringen?

Lied: Bleibe bei uns, du Wandrer durch die Zeit (GL 325)

Vaterunser

V: Bringen wir das, was uns jetzt auf dem Herzen liegt, in einem Moment der Stille zu Gott.

Kurze Stille – Fassen wir unsere Anliegen zusammen in dem Gebet, das Jesus uns hinterlassen hat: Vater unser im Himmel ...

Friedensgruß

V: Wir leben unseren Glauben aus der Gemeinschaft mit Gott und der Gemeinschaft miteinander. Damit uns das gelingt, geben wir uns mit einem Blick oder einer Geste ein Zeichen des Friedens und der Versöhnung.

Kommunionspendung oder Brotbrechung

Version 1: Wenn die Kommunion ausgeteilt wird

Lied zum Agnus Dei: Christe, du Lamm Gottes (GL 208)

V: Seht das Lamm Gottes, das hinwegnimmt die Sünde der Welt.
A: Herr, ich bin nicht würdig, dass du eingehst unter mein Dach, aber sprich nur ein Wort, so wird meine Seele gesund.

Kommunionspendung

Oder Version 2: Wenn Brot gebrochen und ausgeteilt wird

Segnung des Brotes

V: Allmächtiger Gott, dieses Brot ist die Frucht aus den Gaben der Natur und der Arbeit der Menschen. Segne dieses Brot und unsere Gemeinschaft, damit wir gestärkt den Weg mit dir gehen. Amen.

Das Brot wird in kleine Stücke gebrochen und ausgeteilt (bzw. die bereits vorbereiteten Stücke werden ausgeteilt).

Fortsetzung nach Version 1 oder 2:

Danklied: Das ist der Tag, den Gott gemacht (GL 329)

Gebet

V: Allmächtiger Gott, du hast uns auf den Weg des Lebens und des Glaubens geführt. Wir erleben dabei Wegstrecken der Verzweiflung und der Angst. Sei uns Begleiter, damit wir mit Freude und Hoffnung unterwegs sein können. Lass uns in deiner Gnade unseren Weg zu dir vollenden. Darum bitten wir durch Christus, unseren Herrn.

Segen

V: Der Herr begleite und behüte uns auf unserem Weg.
Er erleuchte uns mit seinem Wort.
Er bewahre uns im Glauben und in der Gemeinschaft der Kirche.
Das gewähre uns der Vater und der Sohn und der Heilige Geist.

Lied: Großer Gott, wir loben dich (GL 380, 1.–3. und 11. Strophe)

Was ist der Mensch?

Psalm 8

- *Material: dunkles Tuch, Mond, Sterne, Abbildung der Erde (ggfs. ein Globus), kleine Figur (Lego oder Bild), Tiere, Vögel, Fische*

Lied: Erfreue dich, Himmel, erfreue dich, Erde (GL 467)

V: Im Namen des Vaters ...

Dank

V: Herr, wir sind zusammengekommen, um miteinander zu beten. Wir möchten deine Gegenwart feiern. In der Welt können wir Zeichen deiner Gegenwart entdecken. Darum danken wir dir. (Antwortvers: Herr, wir danken dir. – A: Herr, wir danken dir.)

- Dass wir auf dieser schönen Erde leben dürfen ...
- Dass wir uns an vielen Lebewesen erfreuen dürfen ...
- Dass wir durch Erde, Wasser, Luft und Wärme mit allem Lebensnotwendigen versorgt sind ...

Lied: Gott liebt diese Welt (GL 464)

Gebet

V: Guter Gott, du hast das Universum erschaffen, um darin deine Liebe auszuteilen. Wir danken dir, dass wir die Schönheit der Welt genießen dürfen. Wir bitten dich, dass wir den richtigen Umgang damit pflegen. Amen.

Hl. Schrift: Psalm 8

L: Lesung aus dem Buch der Psalmen – Psalm 8:

Herr, unser Herr, wie gewaltig ist dein Name auf der ganzen Erde, der du deine Hoheit gebreitet hast über den Himmel. Aus dem Mund der Kinder und Säuglinge hast du ein Bollwerk errichtet wegen deiner Gegner, um zum Einhalten zu bringen Feind und Rächer. Seh ich deine Himmel, die Werke deiner Finger, Mond und Sterne, die du befestigt: Was ist der Mensch, dass du seiner gedenkst, des Menschen Kind, dass du dich seiner annimmst? Du hast ihn nur wenig geringer gemacht als Gott, du hast ihn gekrönt mit Pracht und Herrlichkeit. Du hast ihn als Herrscher eingesetzt über die Werke deiner Hände, alles hast du gelegt unter seine Füße: Schafe und Rinder, sie alle und auch die wilden Tiere, die Vögel des Himmels und die Fische im Meer, was auf den Pfaden der Meere dahinzieht. Herr, unser Herr, wie gewaltig ist dein Name auf der ganzen Erde!

Veranschaulichung und Deutung

V: Der Psalm führt uns in den Nachthimmel. Der Blick auf Mond und Sterne gibt einen Eindruck von der Unendlichkeit des Universums. Es geht über alles hinaus, was wir sehen können. Über allem herrscht Gott.

Mit einem dunklen Tuch und der Abbildung von Mond und Sternen wird in der Mitte der Nachthimmel dargestellt und eine Erde dazugelegt bzw. -gestellt.

V: Dieses Werk Gottes ist großartig. Es gibt uns eine Vorstellung davon, wie herrlich und großartig der Schöpfer ist. Zu ihm und seiner Schöpfung wird der Mensch in Beziehung gesetzt.

Eine kleine Figur (Legofigur oder Bild) wird in die Mitte zur Erde gestellt bzw. gelegt.

V: Inmitten des großen Weltalls und der Herrlichkeit Gottes wirkt der Mensch winzig. Er ist kaum wahrzunehmen; er ist nur ein kleines Teilchen in dem Ganzen. Eigentlich ist er völlig unbedeutend. So geht es vielen Menschen heute. Sie haben das Gefühl: Die Welt ist so groß, ich aber bin so klein. Ich drohe in ihr unterzugehen. Dann kommt man auf die Frage: Wer bin ich eigentlich? Welche Rolle habe ich? Und welchen Sinn hat es eigentlich, dass es mich gibt? Im Alter kommt vielleicht noch dazu: War mein Leben eigentlich für etwas gut?
Die Antwort des Psalms ist klar: Der Mensch hat eine große Würde und sein Leben einen großen Wert. Gott denkt an ihn. Gott hat eine Beziehung zum Menschen und der Mensch hat eine Beziehung zu Gott. Darüber hinaus hat er auch eine Beziehung zur ganzen Schöpfung. Alles Lebendige auf der Welt ist ihm anvertraut.

Tiere, Vögel, Fische werden als Figuren oder als Bild in die Mitte zum Menschen gestellt bzw. gelegt.

V: Der Mensch ist nicht Gott, er ist geringer. Dieses Wissen sollte ihn jederzeit vor Größenwahn bewahren. Aber Gott hat ihn als Herrscher über alles Lebendige eingesetzt, das er geschaffen hat.

Der Mensch soll Herrscher sein, aber kein Tyrann, der die anderen Wesen ausbeutet. Natürlich muss der Mensch seine Herrschaft so verantwortungsvoll und fürsorglich ausüben, dass Gottes Werke erhalten bleiben. Sie sollen keinen Schaden nehmen, weil sie ja die Herrlichkeit Gottes verkünden. Wird der Mensch seiner Aufgabe als Hüter der Schöpfung gerecht, lebt er auch in der richtigen Beziehung zu Gott.

Lied: Erde, singe (GL 411, 1. und 2. Strophe)

Wiederholung der Lesung: Psalm 8

Lied: Erde, singe (GL 411, 3. und 4. Strophe)

Fürbitten

L: Allmächtiger Gott, du hast den Himmel und auch die Erde erschaffen und der Menschheit anvertraut. Wir beten:
(Antwortvers: Du Gott des Lebens – A: Wir bitten dich, erhöre uns.)

- Für alle, die in unwürdigen Zuständen leben: dass sie sich daraus befreien können.
- Für alle, die sich für die Bewahrung der Schöpfung einsetzen: dass sie ihre Kraft und ihren Mut nicht verlieren.
- Für die Menschen, die die Erde ausbeuten: dass sie sich besinnen und die Lebensgrundlagen nicht weiter zerstören.
- Für die Kinder und Jugendlichen: dass sie auch als Erwachsene in einer gesunden Umwelt leben können.
- Für uns alle: dass wir verantwortungsvoll mit den Gütern der Erde umgehen.

Du zeigst uns in den Werken der Schöpfung deine Herrlichkeit. Gib allen die Einsicht, dass wir das Leben auf dieser Erde achten und bewahren. Darum bitten wir durch Christus.

Vaterunser

Gebet

V: Dreifaltiger Gott, du bist die Liebe, die sich in deiner Schöpfung zeigt. Lass uns immer aufmerksam sein für die Schönheit der Welt und des Lebens. Lass uns die Würde jedes Menschen achten und uns in Respekt und Verbundenheit mit allen Geschöpfen leben. Amen.

Segenslied: Der Herr wird dich mit seiner Güte segnen (GL 452)

Verzweiflung und Trost

Psalm 13

- *Material: Figur, braunes Tuch, schwarzes Tuch, gelbes Tuch*

Lied: Was Gott tut, das ist wohlgetan (GL 416)

V: Im Namen des Vaters ...

Kyrie

V: Unser Herr Jesus Christus hat das Leiden und den Tod auf sich genommen und ist zum Leben auferstanden. Er ist bei uns heute und alle Tage unseres Lebens. Deshalb bitten wir ihn um sein Erbarmen.
Jesus Christus, du bist Mensch geworden und hast das Leben der Menschen geteilt – Herr, erbarme dich.
Du kennst unsere Sorgen und Nöte – Christus, erbarme dich.
Du führst uns den Weg zum Vater – Herr, erbarme dich.

Gebet

V: Gott, unser Vater, wir sind versammelt,
um dein Wort zu hören
und unser Leben zu bedenken.
Gib uns ein offenes Ohr und ein gläubiges Herz,
damit wir deinen Willen erkennen und verstehen.
Darum bitten wir durch Christus, unseren Herrn.

Lied: Sonne der Gerechtigkeit (GL 481)

Hl. Schrift: Psalm 13

L: Lesung aus dem Buch der Psalmen – Psalm 13:

Wie lange noch, Herr, vergisst du mich ganz? Wie lange noch verbirgst du dein Angesicht vor mir? Wie lange noch muss ich Sorgen tragen in meiner Seele, Kummer in meinem Herzen Tag für Tag? Wie lange noch darf mein Feind sich über mich erheben? Blick doch her, gib mir Antwort, Herr, mein Gott, erleuchte meine Augen, damit ich nicht im Tod entschlafe, damit mein Feind nicht sagen kann: Ich habe ihn überwältigt, damit meine Gegner nicht jubeln, weil ich wanke! Ich aber habe auf deine Güte vertraut, mein Herz soll über deine Hilfe jubeln. Singen will ich dem Herrn, weil er mir Gutes getan hat.

Veranschaulichung und Deutung

Die Figur wird in die Mitte gestellt.

V: In diesem Psalm begegnet uns ein Mensch, der von Sorge und Angst gequält ist.

Die Figur mit einem braunen Tuch umhüllen.

V: Das Leben dieses Menschen ist voller Leid, Schmerz und Verzweiflung; auf ihn wartet der Tod: Kommt außer ihm noch etwas?

Ein Kreuz dazustellen.

V: Das alles erlebt er in einem Gefühl der Einsamkeit und Verlassenheit – auch der Verlassenheit von Gott. Wo ist jetzt Gott, da er ihn dringend bräuchte?

Die Figur mit einem schwarzen Tuch bedecken.

V: Alle, die heute einsam sind und ihre Lieben gar nicht oder nur sehr selten treffen können, werden sich gut in diesen Psalmbeter einfühlen können. Genauso alle, die von einem Schicksalsschlag getroffen sind: Man ist umgeben von Sorgen, Leid und Tod. Und dazu kommt noch das Gefühl der Einsamkeit; oft ist dann auch noch die Angst um die Menschen da, die einem am Herzen liegen. Wenn man solche Situationen ver-kraft-en muss: Woher bekommt man die Kraft, um damit fertigzuwerden? Was bringt einem Licht in die schlimmen, dunklen Tage des Lebens?
Die Erfahrung dieses betenden Menschen in unserer Mitte ist: Die Hilfe kommt von Gott. Es ist Gott, der Herr, der Gutes tut – er hilft, er rettet. Trotz allen Leids und trotz aller Verzweiflung hat dieser betende Mensch erlebt, dass Gott ihn doch nicht im Stich lässt. Er bringt mit seiner Güte Licht ins Leben.

Die Figur mit einem hellen Tuch umhüllen, das das schwarze bedeckt, und eine Kerze dazustellen.

V: Diese Erfahrung gibt der Beter dieses Psalms weiter. Viele Menschen, die diesen Psalm gebetet haben, konnten die Gedanken und Empfindungen teilen, die darin ausgedrückt sind. Denn in jedem Leben gibt es neben den hellen und guten eben auch die dunklen Stunden voller Not und Leid. Als glaubende Menschen können wir uns mit unseren Klagen jedoch an Gott wenden und – hoffentlich – immer wieder spüren, dass Gott uns nicht alleinlässt und gerade auch in der Not an unserer Seite steht.

Wiederholung der Lesung: Psalm 13

Lied: Wer nur den lieben Gott lässt walten (GL 424)

Fürbitten

L: Gütiger Gott, du hast die Menschen immer schon gestärkt. Deshalb bringen wir vertrauensvoll unsere Bitten zu dir:

- Für uns selbst: Erleuchte mit deiner Gnade die dunklen Stunden unseres Lebens.
- Für unsere Angehörigen: Sei ihnen nahe und beschütze sie.
- Für alle, die uns täglich umgeben und für uns arbeiten: Hilf ihnen, ihren Dienst gern zu tun.
- Für unsere Verstorbenen: Gib ihnen die Gemeinschaft mit dir.

Gott, du bist der Herr unseres Lebens. Stärke und tröste uns zu jeder Zeit. Darum bitten wir durch Christus.

Vaterunser

Segen

V: Der Herr segne und behüte dich.
Er sei dir nahe an allen Tagen deines Lebens.
Er gebe dir Kraft, wenn dein Leben schwer wird.
Er erfülle dich mit Licht, wenn Dunkelheit dich umfängt.
Er lasse sein Angesicht über dir leuchten
und schenke dir seinen Frieden.

Entlassung

V: Gehen wir und bringen wir den Frieden.
A: Dank sei Gott, dem Herrn.

Segenslied: Von guten Mächten wunderbar geborgen (GL 430)

Der Herr ist mein Hirt

Psalm 23

- *Material: Braune Tücher, beschriftete Blätter, Fotos oder Tücher (grün, blau, gelb und rot), ein Haus (als Blatt, Foto oder mit einem weißen Tuch gelegt)*

Lied: Wo zwei oder drei (GL 838)
oder: Nun jauchzt dem Herren alle Welt (GL 144, 1.–3. Strophe)

V: Im Namen des Vaters ...

Einstimmung

V: Zur Einstimmung auf diesen Gottesdienst lade ich Sie ein, in einer kurzen Stille an all das Schöne und Gelungene in Ihrem Leben zu denken und dafür zu danken.
(*kurze Stille*)
V: Herr, wir sind versammelt, weil wir unser Leben mit dir gehen möchten.
(Antwort: A: Herr, wir danken dir.)
Wir sind dankbar

- für die guten Menschen, die wir kennenlernen durften;
- für alles Gute, was wir vollbringen konnten;
- für die Momente, in denen wir deine Gegenwart spürten.

Gebet

V: Barmherziger Gott, du hast uns ins Leben gerufen, du führst und begleitest uns. Stärke und erleuchte uns, damit wir den Weg gehen können, der uns zu dir führt. Darum bitten wir durch Christus, unseren Herrn.

Lied: Herr, deine Güt ist unbegrenzt (GL 427)

Hl. Schrift: Psalm 23

L: Lesung aus dem Buch der Psalmen – Psalm 23:

Der Herr ist mein Hirt, nichts wird mir fehlen. Er lässt mich lagern auf grünen Auen und führt mich zum Ruheplatz am Wasser. Meine Lebenskraft bringt er zurück. Er führt mich auf Pfaden der Gerechtigkeit, getreu seinem Namen. Auch wenn ich gehe im finsteren Tal, ich fürchte kein Unheil; denn du bist bei mir, dein Stock und dein Stab, sie trösten mich. Du deckst mir den Tisch vor den Augen meiner Feinde. Du hast mein Haupt mit Öl gesalbt, übervoll ist mein Becher. Ja, Güte und Huld werden mir folgen mein Leben lang und heimkehren werde ich ins Haus des Herrn für lange Zeiten.

Veranschaulichung und Deutung

V: Dieser Psalm schildert den Weg eines Menschen, der sich von Gott führen lässt.

Mit braunen Tüchern in der Mitte einen Weg legen.

V: Dabei gehen von dem Text Zuversicht und Geborgenheit aus. Nichts wird ihm fehlen, versichert der Beter. Es ist die Rede von grünen Auen, einem Ruheplatz am Wasser, von Gerechtigkeit und einem gedeckten Tisch.

Die Begriffe werden auf den Weg gelegt – als beschriftete Blätter, Fotos oder mit bunten Tüchern: grün für die grünen Auen, blau für das Wasser, gelb für Gerechtigkeit, rot für den gedeckten Tisch.

V: Dem Menschen, der so unterwegs ist, fehlt es tatsächlich an nichts. Er hat alles, was er braucht. Das Grün der Landschaft sorgt für die Nahrung, das Wasser löscht den Durst, am gedeckten Tisch lässt sich feiern und in Zeiten voller Ruhe und Gerechtigkeit lässt es sich gut leben. Es ist für Leib und Seele gesorgt. Denn Gott ist auf dem Weg nicht nur dabei, er führt den Menschen darauf sogar. Dennoch schildert dieser Psalm keine Idylle, kein vollkommen unbeschwertes Leben.

Blätter mit den Begriffen »Unheil« und »Feinde« oder zwei dunkle Tücher werden auf den Weg gelegt.

V: Der Beter braucht Trost, weil er ein dunkles Tal durchschreiten muss und Unheil erlebt hat. Er kennt auch Menschen, die ihm nicht wohlgesonnen sind und mit denen er im Streit liegt. Auch auf diesem Weg gibt es also Gefahren und Abschnitte, die man lieber vermeiden würde. So ist das Leben. Ich denke, wir alle teilen diese Erfahrung. Kein Lebensweg verläuft vollkommen gerade und nur auf der Sonnenseite. Obwohl dieser Psalm das anerkennt, vermittelt er Zuversicht. Denn der Weg, den der Herr als Hirt führt, hat ein Ziel.

Ein Haus wird ans Ende des Weges gelegt.

V: Dieser Lebensweg endet im Haus des Herrn, wo Gott selbst der Gastgeber ist und seine Güte und Huld verteilt. Wer sich in seinem Leben Gott anvertraut, wird geborgen sein. Wer diesen Glauben in sich trägt, vermag gestärkt und zuversichtlich seinen Weg durchs Leben zu gehen.

Je nach Zusammensetzung der Gruppe können einzelne Begriffe noch vertieft werden – z.B.: Was können grüne Auen im Leben sein? Was haben die Anwesenden als finsteres Tal empfunden?

Lied: Mein Hirt ist Gott, der Herr (GL 421)

Fürbitten

L: Barmherziger Gott, du bist vertraut mit unseren Wegen. Vertrauensvoll bitten wir dich um deinen Beistand:

- Für alle, die in ihrem Leben nach Orientierung suchen.
- Für alle, die verzweifelt und mutlos sind.
- Für alle, die dir nicht vertrauen können.
- Für alle, die Menschen auf ihrem Lebensweg beraten und begleiten.

Denn du, Herr, begleitest uns mit deinem Erbarmen und führst uns in die Gemeinschaft mit dir. Dafür sei dir Lob und Dank. Amen.

Vaterunser

Segenslied: Bewahre uns Gott, behüte uns Gott (GL 453)

Gott ist Zuflucht und Burg

Psalm 91

- *Material: Eine Burg (die auch als Bild gelegt oder mit einem Tuch, das als Kreis in die Mitte gelegt wird, dargestellt werden kann), dunkles Tuch, Pfeil, medizinische Maske, Nadelkissen, Kerze*

Lied: Wo zwei oder drei (GL 838)
oder: Herr, ich bin dein Eigentum (GL 435)

V: Im Namen des Vaters ...

Kyrie

V: Bitten wir Gott am Beginn um seinen Schutz und sein Erbarmen.
Herr, du hast uns das Leben geschenkt – Herr, erbarme dich.
Herr, du kennst unsere Nöte – Christus, erbarme dich.
Herr, du beschirmst uns mit deiner Güte – Herr, erbarme dich.

Gebet

V: Barmherziger Gott,
du hast die Menschen zu allen Zeiten begleitet und beschützt.
Sei auch uns nahe, wenn wir Hilfe brauchen.
Darum bitten wir durch Christus, unseren Herrn. Amen.

Lied: Nun lobet Gott im hohen Thron (GL 393)

Hl. Schrift: Psalm 91

L: Lesung aus dem Buch der Psalmen – Psalm 91:

Wer im Schutz des Höchsten wohnt, der ruht im Schatten des Allmächtigen. Ich sage zum Herrn: Du meine Zuflucht und meine Burg, mein Gott, auf den ich vertraue. Denn er rettet dich aus der Schlinge des Jägers und aus der Pest des Verderbens. Er beschirmt dich mit seinen Flügeln, unter seinen Schwingen findest du Zuflucht, Schild und Schutz ist seine Treue. Du brauchst dich vor dem Schrecken der Nacht nicht zu fürchten, noch vor dem Pfeil, der am Tag dahinfliegt, nicht vor der Pest, die im Finstern schleicht, vor der Seuche, die wütet am Mittag. Fallen auch tausend an deiner Seite, dir zur Rechten zehnmal tausend, so wird es dich nicht treffen. Mit deinen Augen wirst du es schauen, wirst sehen, wie den Frevlern vergolten wird. Ja, du, Herr, bist meine Zuflucht. Den Höchsten hast du zu deinem Schutz gemacht. Dir begegnet kein Unheil, deinem Zelt naht keine Plage. Denn er befiehlt seinen Engeln, dich zu behüten auf all deinen Wegen. Sie tragen dich auf Händen, damit dein Fuß nicht an einen Stein stößt; du schreitest über Löwen und Nattern, trittst auf junge Löwen und Drachen. Weil er an mir hängt, will ich ihn retten. Ich will ihn schützen, denn er kennt meinen Namen. Ruft er zu mir, gebe ich ihm Antwort. In der Bedrängnis bin ich bei ihm, ich reiße ihn heraus und bring ihn zu Ehren. Ich sättige ihn mit langem Leben, mein Heil lass ich ihn schauen.

Lied: Wer unterm Schutz des Höchsten steht (GL 423)

Veranschaulichung und Deutung

V: Das Beten dieses Psalms ruft starke Bilder hervor. Das Leben ist manchmal düster und gefährlich. Dann braucht man Schutz und Geborgenheit.

Eine Burg wird in die Mitte gestellt bzw. als Bild gelegt.

V: Eine Burg vermittelt das Gefühl von Sicherheit, weil sie Widerständen trotzen kann und Schutz bietet. Wer in dieser Burg Zuflucht gefunden hat, benötigt diesen Schutz auch. Denn außerhalb der Burg lauern Gefahren für das Leben der Menschen.
Die erste Gefahr ist der Schrecken der Nacht.

Ein dunkles Tuch wird an den Rand der Burg gelegt.

V: In der Dunkelheit der Nacht kann man nicht sehen, was um einen ist. Man hat keinen Überblick. Deswegen kann man die Umgebung auch nicht kontrollieren. Dieses Ausgeliefertsein macht Angst. Man sehnt sich nach etwas Licht, das einem Orientierung und das Gefühl von Sicherheit gibt. Aber Menschen werden nicht nur von der Angst geplagt. Seit Urzeiten gibt es unter ihnen Unfrieden und Gewalt, die auch am helllichten Tag, vor aller Augen über einen hereinbrechen kann. Beispiele dafür findet man genug, wenn man in die Zeitung schaut. Für diese Bedrohung nennt der Psalm den Pfeil.

Ein Pfeil wird in die Mitte zur Burg gelegt.

V: In unseren Tagen war es nicht die Pest, die umhergeschlichen ist, aber mit Corona haben wir alle das Wüten einer Seuche erlebt.

Eine medizinische Maske wird in die Mitte zur Burg gelegt.

V: Ein kleines Corona-Virus, das nicht sichtbar ist, hat vielen Menschen Leid gebracht – wie es immer und überall Krankheiten gibt, die uns Menschen das Leben schwer machen und es dann eben oft sogar beenden.
Eine andere Gefahr stellen in den Augen des Verfassers dieses Psalms die Frevler dar. Was sie tun, ist für ihn wie ein Stich ins Herz. Denn es sind böse Menschen, die sich nicht an Recht und Gesetz halten und denen auch Gottes Gebote egal sind. Es sind meist nicht große Verbrechen, aber kleine Nadelstiche: Gemeinheiten, die der Gemeinschaft schaden und dem Betroffenen weh tun. Mit ihrer Bosheit können solche Menschen anderen das Leben zur Hölle machen.

Ein Nadelkissen wird in die Mitte zur Burg gelegt.

V: Angst, Gewalt, Krankheit, Bosheit stellen Gefahren dar, gegen die ein Mensch allein sich kaum, manchmal gar nicht wehren kann. Er braucht Unterstützung, eine Zuflucht, eine Burg, die ihn beschützt. Der Psalm sagt: Diese Zuflucht und Burg ist Gott.

Die Kerze wird in (bzw. auf) die Burg gestellt.

V: Was dieser Psalm vermittelt, ist die Erfahrung, die viele Menschen gemacht haben: Gott ist in der Bedrängnis bei uns und reißt uns heraus. Bei Gott finden wir Schutz und Geborgenheit vor den Gefahren, die uns umgeben.

Wiederholung der Lesung: Psalm 91

Danklied: Herr, deine Güt ist unbegrenzt (GL 427)

Fürbitten

L: Zu Gott, der unsere Zuflucht ist, bringen wir unsere Bitten. Wir beten:

- Für alle, die Angst vor der Zukunft haben.
- Für alle, die unter Gewalt leiden.
- Für alle, die in Kriegsgebieten um ihr Leben fürchten.
- Für alle, die krank an Leib oder Seele sind.
- Für alle, die in Unfrieden leben.
- Für unsere Verstorbenen.

Vater im Himmel, erhöre unser Gebet und schenke uns Zeichen deiner Gegenwart. Darum bitten wir durch Christus, unseren Herrn.

Vaterunser

Lied: Erhör, o Gott, mein Flehen (GL 439)

Segen

V: Der allmächtige Gott begleite uns in allen Höhen und Tiefen unseres Lebensweges. Er gebe uns gute Menschen an die Seite, die für uns da sind, wenn wir jemanden brauchen. Er öffne unsere Sinne für die Sorgen der Menschen, die uns umgeben. Er beschirme uns mit seinen Flügeln. Amen.

Oder Segenslied: Der Herr wird dich mit seiner Güte segnen (GL 452)

Abendlied: Der Mond ist aufgegangen

GL 93

- *Material: Dunkle Tücher, Mond, Sterne, Zettel, Stift, Klangschale o.Ä., helles Tuch, Tuch für die Darstellung des Weges*

Lied: In dieser Nacht (GL 91)

V: Im Namen des Vaters ...

Einführung

V: Der rote Faden, der sich heute durch diesen Gottesdienst ziehen soll, ist ein Gedicht von Matthias Claudius mit dem Titel »Abendlied«. Die meisten werden sich daran erinnern, wenn sie den Beginn mit den Worten »der Mond ist aufgegangen« hören. Seit über 200 Jahren wird dieses Gedicht gesprochen und auch gesungen, weil es schon bald vertont worden ist. Es müssen darin also Gedanken enthalten sein, die den Menschen über Generationen hinweg etwas gesagt haben.

Lied: Der Mond ist aufgegangen (GL 93, alle Strophen)
Die Mitte wird mit dunklen Tüchern, einem Mond und Sternen ausgestaltet.

Gebet

V: Ewiger Gott, unsere Lebenszeit ist begrenzt und immer wieder von Kummer und Schmerz verdunkelt. Hilf uns, das Schöne auf unserem Lebensweg zu beachten. Geleite uns, damit wir bei dir Frieden finden. Darum bitten wir durch Jesus Christus.

Wiederholung des Liedes und Veranschaulichung

Lied: Der Mond ist aufgegangen (1. und 2. Strophe)

V: In der Nacht endet die Betriebsamkeit und der Mensch kommt zur Ruhe. Viele von Ihnen können nicht mehr gut schlafen und wissen daher, wie wertvoll und erholsam ein guter Schlaf ist. Wenn man nicht schlafen kann, geistern oft viele Gedanken, Sorgen und Jammer im Kopf herum. – Lassen Sie uns überlegen, was für einen Menschen ein Jammer sein kann.

Die Gedanken werden gesammelt und auf Zetteln auf die Tücher in der Mitte gelegt, z.B. Sorgen, Geldmangel, Gesundheit ... Denkt jemand an mich? Wie geht es weiter? ...

V: In der überschaubaren Kammer, wo man sich auskennt und geborgen fühlen kann, kann man still werden und diesen Jammer während der Nacht loslassen.

Die Mitfeierenden werden eingeladen, auf die Stille zu hören: Klangschale anschlagen. Während der Ton verklingt, die aufgeschriebenen Sorgen mit einem hellen Tuch zudecken.

Lied: Der Mond ist aufgegangen (3. Strophe)

V: Obwohl er ganz da ist, ist der Mond für unsere Augen nur halb zu sehen. So ist es oft bei uns: Wir sehen nicht alles, wir wissen nicht alles und vieles beachten wir nicht, weil es unwichtig erscheint. Das Lied lädt uns ein, auf die verborgenen Dinge zu achten, auf die Kleinigkeiten. Gerade sie machen ja oft das Glück aus. Dabei halten wir sie für so selbstverständlich, dass wir sie oft nicht wahrnehmen. Was können solche Dinge sein?

Die Aussagen werden notiert und in der Mitte gesammelt, z.B. Bett, Wärme, Essen, Lächeln, Zuwendung …

Lied: Der Mond ist aufgegangen (4.–7. Strophe)

V: Das Leben des Menschen hat ein Ziel. Deswegen soll er sich nicht um sich selber drehen, eitel sein und nur sich selber wichtig nehmen. Die Mitte unseres Lebens und das Ziel, worauf unser Lebensweg zulaufen soll, ist Gott. Er ist es – so wie hier die Kerze die Mitte des Bildes ist und wie dieses Tuch den Weg darauf zu symbolisiert.

Ein Tuch wird als Weg auf die Kerze hingelegt.

V: Das Ziel unseres Lebens ist der Himmel, wo Gott uns Erfüllung schenkt. Dort gibt es nur das Gute, sodass wir uns beruhigt niederlegen können – zum Schlaf. Und wenn es so weit ist, auch aufs Sterbebett.

Lied: Der Mond ist aufgegangen (alle Strophen)

Fürbitten

L: Wir beten zu Jesus Christus, der die Nöte der Menschen kennt:
- Gib den Kranken Kraft in ihrem Leiden.
- Sieh mit deinem Erbarmen auf die Anliegen der Menschen in diesem Haus (*in unserer Gemeinde*) und steh ihnen bei.
- Führe unsere Verstorbenen zur Auferstehung und zum Leben.

Barmherziger Gott, durch deinen Sohn hast du uns erlöst. Schau auf unseren guten Willen und erhöre unsere Bitten durch ihn, Christus, unsern Herrn. Amen.

Vaterunser

Segen

V: Barmherziger Gott, bewahre uns vor allem Bösen.
Bestärke uns in der richtigen Gesinnung,
damit wir den Weg gehen, den du uns wünschst,
und lass uns in der Ewigkeit dein Heil schauen. Amen.

Wir sind nur Gast auf Erden

GL 505

- *Figur, größeres Tuch oder mehrere kleine Tücher für den Weg zur Mitte, (Wander-)Schuhe, dunkles Tuch, Hand, zwei Tücher als Abzweigung vom Weg, Kerze*

Lied: Herr, dir ist nichts verborgen (GL 428)

V: Im Namen des Vaters …

Einführung

V: Heute möchte ich zu Beginn mit Ihnen darüber nachdenken, wie Ihre Erfahrungen und Erinnerungen sind, wenn Sie an fremden Orten zu Gast waren.

Die Mitfeiernden können erzählen, wo sie als Gast waren, welche Erfahrungen sie gemacht und wie sie sich dabei gefühlt haben.

V: Als Gast wird man in aller Regel willkommen geheißen und gut behandelt. Man weiß allerdings auch, dass man nicht auf Dauer bleiben kann. Der Ort, an dem man sich aufhält, kann noch so schön sein, es kann einem dort noch so gut gefallen – man muss ihn wieder verlassen. Die Gesellschaft, in der man sich befindet, kann die angenehmste sein – man muss sich wieder von ihr verabschieden. Als Gast ist man eben nur vorübergehend an einem Ort und bei Menschen. Der Abschied gehört zum Leben. Diesen Gedanken greift das Lied auf, das ich heute mit Ihnen singen und bedenken will. »Wir sind nur Gast auf Erden« – es wird oft bei Beerdigungen gesungen. Es ist kein fröhliches Lied. Aber es ist sehr bekannt. Es sind darin Gedanken enthalten, in denen sich viele Menschen wiederfinden und für sich Trost ableiten können. Lassen Sie es uns gemeinsam singen.

Lied: Wir sind nur Gast auf Erden (GL 505)

V: Wir alle wissen, dass unsere Lebenszeit begrenzt ist. Wir können nicht für immer auf dieser Welt bleiben. Eines Tages müssen wir sie verlassen. Was wird dann aus uns? Wir sind nur Gast auf Erden – das Lied gibt unserem Leben eine Deutung: Wir sind als Gäste auf dieser Erde willkommen. Wir haben auch ein Ziel, zu dem wir erst nach dem Tod gelangen können; mit dem Tod ist nicht alles vorbei.

Wiederholung des Liedes und Veranschaulichung

V: Es lohnt sich, dieses Lied Strophe für Strophe zu singen. Wir überlegen, welche Erfahrungen und welche Anregungen für uns darin enthalten sein können.

Es wird mit Tüchern (bzw. einem großen Tuch) ein Weg zur Kerze in der Mitte gelegt. Die Figur wird an den Beginn des Weges gestellt. Bei jeder Strophe wird sie auf die Mitte hin bewegt, bis sie in der 5. Strophe bei der Kerze ankommt.

Lied: Wir sind nur Gast auf Erden, 1. Strophe
Die Schuhe werden zur Figur am Beginn des Weges gestellt.

V: Das Bild des Lebensweges ist vertraut. Er verläuft nicht immer einfach und die Lebensuhr lässt sich nicht anhalten. Egal, was passiert – das Leben geht immer weiter. Man kann nicht stehenbleiben und sich auf Dauer einrichten. Die Welt ist ruhelos und unser Leben ist es oft auch. Die Welt und die Umstände verändern sich und wir selbst verändern uns. Denken Sie nur daran, unter welchen Umständen Sie aufgewachsen sind und wie die Welt heute aussieht. Im Alter ist, denkt und empfindet man in vielem anders als in der Jugend. Diese Veränderungen mitzumachen ist manchmal mühsam und beschwerlich. Unweigerlich bekommt man Verletzungen – am Leib und an der Seele.
Mit der Zeit wächst dann vielleicht auch das Gefühl, dass es genug ist. Der Schatz an Erfahrungen ist so gefüllt, dass manche Menschen keine neuen mehr machen mögen. Sie sind gesättigt vom Leben und möchten gar nicht mehr unbedingt länger auf dieser Welt bleiben. Es wächst die Sehnsucht nach Ruhe, nach einem Ort und einem Zustand, wo man bleiben kann und nicht mehr geplagt wird. Das meint das Lied mit der »ewigen Heimat«.

Lied: Wir sind nur Gast auf Erden, 2. Strophe
Ein dunkles Tuch wird auf den Weg gelegt, die Figur daraufgestellt.

V: In den guten Zeiten sind oft viele Freunde da. Aber allein zu sein, wenn man jemanden bräuchte – das kennt wohl auch jeder Mensch. Damit verbunden ist meist auch das Gefühl der Hilflosigkeit. Diese Strophe drückt dieses Gefühl aus: Wenn es darauf ankommt, ist man auf sich allein gestellt. Es hat ja von den anderen Menschen, auch von der eigenen Familie jeder genug mit seinen eigenen Aufgaben zu tun. Wenn es wirklich knüppeldick kommt, wer ist dann noch da? Enttäuschungen sowie Hoffnungen, die sich nicht erfüllen, gehören ebenso zum Leben wie die Trauer darüber.

Lied: Wir sind nur Gast auf Erden, 3. Strophe
Die Figur auf dem Weg wird weiter zur Mitte bewegt. Eine Hand wird neben sie gelegt.

V: Christus nimmt uns an der Hand. Er ist noch da, wenn man jemanden braucht. Diese Liedstrophe gibt die Erfahrung wieder, dass bei aller Not und Mühsal Gott an unserer Seite steht. Die Beziehung zum Herrn kann uns durch dunkle Strecken unseres Lebensweges tragen und uns auf dem Weg leiten. Gott verlässt uns nicht. Dieser Glaube ist ein großer Trost. Um seinen Weg gehen zu können, braucht jeder Mensch Kraft und einen Halt. Der Glaube kann es uns geben.

Lied: Wir sind nur Gast auf Erden, 4. Strophe
Die Figur bewegt sich weiter zur Mitte. Neben sie wird je ein Tuch links bzw. rechts als Abzweigung vom Weg gelegt.

V: Gott steht treu zu uns. Er verlässt uns nicht. Aber wir können ihn verlassen. Der Weg zur ewigen Heimat bei Gott ist vorgegeben. Allerdings gibt es viele Versuchungen, diesen Weg zu verlassen und uns von Gott zu entfernen. Die Liedstrophe äußert die Sorge, einen Irrweg zu beschreiten oder auf Abwege zu geraten. Es gibt unendliche Möglichkeiten, sein Leben zu gestalten. Gott zwingt uns nichts auf. Er lässt uns die Freiheit, unseren eigenen Weg zu gehen – selbst wenn es der falsche ist.

Lied: Wir sind nur Gast auf Erden, 5. Strophe

V: Eben weil Irr- und Abwege möglich sind, brauchen wir Orientierung. Bei allem Bemühen sind wir immer auf Gottes Güte angewiesen. Wie sollen wir den richtigen Weg finden? Die Heilige Schrift weist ihn, heilige Frauen und Männer haben ihn aufgezeigt. Sie leuchten uns, damit wir ans Ziel gelangen.

Die Figur wird zur Kerze gestellt.

V: Diese Kerze steht als Symbol für Gott. Von ihr strahlt das Licht aus, das uns die Güte und die Wärme Gottes zeigt. Bei Gott finden wir Heimat, den Platz, an dem wir für immer sein dürfen. In seinem Haus gibt es für uns Geborgenheit, Sicherheit und Wohlbefinden.
Als seine Geschöpfe sind wir von Gott ausgegangen. Am Ende des Lebensweges sollen wir wieder bei ihm ankommen. Zu ihm zu finden ist das Ziel unseres Lebens. Unterstützt von seiner Güte wird uns das gelingen. So vermittelt es dieses Lied. Lassen Sie es uns nochmals gemeinsam singen.

Lied: Wir sind nur Gast auf Erden (GL 505)

Fürbitten

L: Christus ist in unserer Mitte. Zu ihm beten wir:
- Für uns: dass wir die Lebenszeit nutzen, die uns bemessen ist.
- Für die Menschheit: dass sie die Erde als unseren Lebensraum schätzt und bewahrt.

- Für die Einsamen und Verlassenen: dass sie im Leben einen Halt finden.
- Für uns und alle, die uns verbunden sind: um eine gute Todesstunde.
- Für die Verstorbenen: dass sie bei Gott Heimat finden.

Allmächtiger Gott, schau mit deiner Güte auf unsere Gemeinschaft und erhöre unser Beten durch Christus, unseren Herrn. Amen.

Vaterunser

Lied: Ich steh vor dir mit leeren Händen, Herr (GL 422)

Segen

V: Herr, du hast uns auf den Weg des Lebens gestellt. Lass uns darauf die richtigen Schritte gehen. Bewahre uns vor Einsamkeit und Furcht. Gib uns gute Begleiter an die Seite und lass uns selbst gute Begleiter sein. Gib uns Heimat bei dir, wenn wir an das Ende unseres Weges gelangt sind. Das gewähre uns der Vater und der Sohn und der Heilige Geist. Amen.

Alles hat seine Zeit

Kohelet 3,1–8

- *Material: Kerze, Tuch, weitere Tücher (gelb, grün, schwarz, rot), Fotoalbum, Stein, Pflanze, Kreuz, Kerze*

Lied: Dein Lob, Herr, ruft der Himmel aus (GL 381, 1.–3. Strophe)

V: Im Namen des Vaters …

Kyrie

V: Wir legen am Anfang unserer Andacht alles, was uns belastet in die Hände Gottes. Vertrauen wir ihm unsere Sorgen an und bitten wir ihn um seine Begleitung und sein Erbarmen.
Herr, du bist der Ursprung der Zeit und des Lebens – Herr, erbarme dich.
Herr, du bist auch heute in der Welt gegenwärtig – Christus, erbarme dich.
Herr, du geleitest die Menschen zum Ziel am Ende der Zeiten – Herr, erbarme dich.

Gebet

V: Herr, unser Gott, du kennst das Leben der Menschen.
Du weißt um unsere guten Zeiten und um unsere schlechten.
Zu dir kommen wir mit unserem Dank und unseren Sorgen.
Sieh mit Güte darauf und schenke uns dein Erbarmen.
Darum bitten wir dich durch Christus, unseren Herrn.

Lied: Lobe den Herren (GL 392)

Hl. Schrift: Kohelet 3,1–8

L: Lesung aus dem Buch Kohelet:

Alles hat seine Stunde. Für jedes Geschehen unter dem Himmel gibt es eine bestimmte Zeit:

eine Zeit zum Gebären und eine Zeit zum Sterben,
eine Zeit zum Pflanzen
und eine Zeit zum Ausreißen der Pflanzen,
eine Zeit zum Töten und eine Zeit zum Heilen,
eine Zeit zum Niederreißen und eine Zeit zum Bauen,
eine Zeit zum Weinen und eine Zeit zum Lachen,
eine Zeit für die Klage und eine Zeit für den Tanz;
eine Zeit zum Steinewerfen und eine Zeit zum Steinesammeln,
eine Zeit zum Umarmen und eine Zeit, die Umarmung zu lösen,
eine Zeit zum Suchen und eine Zeit zum Verlieren,
eine Zeit zum Behalten und eine Zeit zum Wegwerfen,
eine Zeit zum Zerreißen und eine Zeit zum Zusammennähen,
eine Zeit zum Schweigen und eine Zeit zum Reden,
eine Zeit zum Lieben und eine Zeit zum Hassen,
eine Zeit für den Krieg und eine Zeit für den Frieden.

Lied: Nun saget Dank und lobt den Herren (GL 385, 1. Strophe)

Veranschaulichung und Deutung

V: Im Leben hat alles seine Zeit. Nichts hat ewig Bestand, nichts und niemand ist perfekt. Alles ist vergänglich. Kohelet drückt aus: Genau so, wie es ist, darf alles vor Gott sein; denn all das gehört zu dieser Welt und zum Leben eines Menschen.

Es gibt das Schöne auf der Welt und im Leben. Genauso gibt es aber immer etwas, was misslingt oder zerbricht, ja sogar den Hass und den Krieg. Jeder von uns hat diese Erfahrung gemacht. Allerdings: Nichts ist endgültig. Das kann zum einen in den guten Zeiten demütig und bescheiden machen, zum anderen in den schlechten Zeiten Trost und Hoffnung geben. – Betrachten wir nochmals die Aussage des Kohelet genauer, denn es steckt ja eine tiefe Wahrheit in ihr: *Alles* hat seine Zeit, das Gute wie das Schlechte. Und alles hat *seine* Zeit; es bleibt nicht für immer, es vergeht wieder – Gutes wie Schlechtes.

Im Folgenden werden die Tücher so gelegt, dass sie einen Kreis ergeben.

V: Im Leben gibt es Zeiten
- wo alles gut ist; Licht und Wärme prägen unser Leben. – *Ein gelbes Tuch wird gelegt.*
- wo es schwer, bedrückend und dunkel scheint, tot. – *Ein schwarzes Tuch wird gelegt.*
- wo wieder die Hoffnung aufbricht. – *Ein grünes Tuch wird gelegt.*
- wo es besondere Freuden und Anlässe für Feiern gibt. – *Ein rotes Tuch wird gelegt.*

Wenn es möglich ist, können im Anschluss die Mitfeiernden ihre Gedanken zu den einzelnen Symbolen mitteilen. Die Feier wird so lebendiger. Die Mitfeiernden können einander an ihrem Leben Anteil nehmen lassen und ihre Erfahrungen vor Gott aussprechen.

V: Die hellen, freundlichen Zeiten, die wir erleben, wollen wir festhalten.

Das Fotoalbum auf das gelbe Tuch legen. (Gegebenenfalls: Welche Erinnerungen sind Ihnen besonders wichtig und tröstlich? *Die Senioren können erzählen.)*

V: Aber diese unbeschwerten Zeiten bleiben nicht für immer; Belastendes, Bedrückendes setzt uns zu.

Den Stein auf das schwarze Tuch legen. (Gegebenenfalls: Was mussten Sie an Schwerem überstehen? *Die Senioren können erzählen.)*

V: Dann gibt es jedoch auch wieder Zeichen der Hoffnung, die oft ohne unser eigenes Zutun unerwartet kommen, weil jemand an uns denkt oder für uns sorgt.

Die Pflanze auf das grüne Tuch stellen. (Gegebenenfalls: Wenn Sie daran denken, was Ihnen Hoffnung und Hilfe gebracht hat – was fällt Ihnen dazu ein? *Die Senioren können erzählen.)*

V: So können wir auch das Schöne im Leben verspüren, im Herzen bewahren und mit Dankbarkeit und Zufriedenheit auf unser Leben blicken.

Eine Kerze auf das rote Tuch stellen. (Gegebenenfalls: Wofür sind Sie heute besonders dankbar, wenn Sie auf Ihr Leben schauen? *Die Senioren können erzählen.)*

Wiederholung der Lesung: Kohelet 3,1–8

Danklied: Nun danket alle Gott (GL 405)

Fürbitten

L: Wir bitten Gott, der uns durch alle Zeiten begleitet:

- Befreie die Herzen der Menschen von Angst und Sorge.
- Lass die Menschen dich suchen und bei dir Ruhe finden.
- Wende dich allen zu, die deine Hilfe brauchen.
- Gib, dass wir in deinem beständigen Schutz geborgen sind.

Denn du bist der Weg, die Wahrheit und das Leben. Auf dich setzen wir unsere Hoffnung. Dir sei Dank und Ehre in Ewigkeit.

Vaterunser

Lied: Großer Gott, wir loben dich (GL 380, 1. und 10. Strophe)

Segen

V: Gott, du schenkst uns Trost in Zeiten der Trauer.
Du gibst uns Hoffnung in schwierigen Zeiten.
Du bescherst uns Zeiten der Freude.
Segne uns und behüte uns;
begleite uns mit deiner Güte und Liebe,
lass dein Angesicht über uns leuchten
und beschenke uns mit deiner Gnade
in allen Zeiten unseres Lebens.

Lied: Bewahre uns, Gott (GL 453)

Elija am Horeb

1 Könige 19,9–15a

- *Material: Gegenstände, um eine Höhle anzudeuten (z. B. Steine, Tücher, Holzrinde), Figur, schwarzes Tuch, ein Gong (oder ein Topfdeckel)*

Lied: Komm her, freu dich mit uns (GL 148)

V: Im Namen des Vaters ...

Einführung

V: Heute hören wir in der Schriftlesung einen Ausschnitt der Geschichte des Propheten Elija. Er hatte sich immer für Gott eingesetzt. Dadurch hatte er es sich mit vielen Menschen, insbesondere den Mächtigen, verscherzt. Jetzt hat er Angst um sein Leben, muss fliehen, weil man ihn umbringen will. Schließlich kommt er zum Gottesberg Horeb und geht dort in eine Höhle, um zu übernachten.

Es wird eine Höhle angedeutet (sie kann auch schon vor Beginn des Gottesdienstes gebildet werden). Darin oder bei ihr ist die Figur des Elija.

V: Elija ist allein und verlassen. Er befindet sich in einer Gegend, wo es nichts und niemanden gibt. Er spürt nur Verzweiflung und Zorn. Und Angst. Jetzt sollte Gott da sein, damit er ihn aus dem

Schlamassel herausholt. Elija wünscht sich einen Gott, der mit Macht eingreift, um ihm zu helfen. Er wartet auf diesen Gott. Wahrscheinlich hat jeder von uns diese Erfahrung auch schon machen müssen. Es kommt alles anders als geplant oder erhofft. Man weiß nicht mehr so recht, wie es weitergehen soll.
Wo ist jetzt Gott, da man ihn bräuchte? Und man wartet, dass er sich endlich zeigt.

Kyrie

V: Bitten wir Gott um sein Erbarmen:
Gott, du bist der Herr unseres Lebens – Herr, erbarme dich.
Du bist bei uns, wenn wir verzweifelt sind – Christus, erbarme dich.
Du begegnest uns, wenn wir es nicht erwarten – Herr, erbarme dich.

Gebet

V: Gott, mit dir können wir die Lasten des Lebens tragen.
Wenn wir deine Gegenwart spüren, wächst in uns Kraft.
Erfülle uns mit Hoffnung und Gnade,
damit wir die Herausforderungen des Lebens bestehen.
Darum bitten wir durch Jesus Christus.

Lied: Wohin soll ich mich wenden (GL 145)

Hl. Schrift: 1 Könige 19,9–15a

L: Lesung aus dem ersten Buch der Könige:
Elija kam zum Gottesberg Horeb. Dort ging er in eine Höhle, um darin zu übernachten. Doch das Wort des Herrn erging an ihn:

Was willst du hier, Elija? Er sagte: Mit leidenschaftlichem Eifer bin ich für den Herrn, den Gott der Heerscharen, eingetreten, weil die Israeliten deinen Bund verlassen, deine Altäre zerstört und deine Propheten mit dem Schwert getötet haben. Ich allein bin übriggeblieben und nun trachten sie auch mir nach dem Leben. Der Herr antwortete: Komm heraus und stell dich auf den Berg vor den Herrn! Da zog der Herr vorüber: Ein starker, heftiger Sturm, der die Berge zerriss und die Felsen zerbrach, ging dem Herrn voraus. Doch der Herr war nicht im Sturm. Nach dem Sturm kam ein Erdbeben. Doch der Herr war nicht im Erdbeben. Nach dem Beben kam ein Feuer. Doch der Herr war nicht im Feuer. Nach dem Feuer kam ein sanftes, leises Säuseln. Als Elija es hörte, hüllte er sein Gesicht in den Mantel, trat hinaus und stellte sich an den Eingang der Höhle. Da vernahm er eine Stimme, die ihm zurief: Was willst du hier, Elija? Er antwortete: Mit Leidenschaft bin ich für den Herrn, den Gott der Heerscharen, eingetreten, weil die Israeliten deinen Bund verlassen, deine Altäre zerstört und deine Propheten mit dem Schwert getötet haben. Ich allein bin übriggeblieben und nun trachten sie auch mir nach dem Leben. Der Herr antwortete ihm: Geh deinen Weg durch die Wüste zurück und begib dich nach Damaskus!

Veranschaulichung und Deutung

V: Elija ist voller Angst und Zorn. Er verkriecht sich in sich selbst. Alles ist dunkel um ihn. Er kann nur noch schwarzsehen.

Die Figur wird mit einem schwarzen Tuch bedeckt.

V: Elija fühlt sich ungerecht behandelt – das hat er jetzt davon, dass er sich so für Gott eingesetzt hat. Und Gott? Wo ist jetzt Gott? Er sehnt sich nach Gott.
Ich denke, wir alle mussten das schon irgendwann erleben. Alles wird einem zu viel, am liebsten möchte man von der Welt nichts mehr hören und sehen, weil sowieso nichts Gutes kommt. Und dann lässt einen Gott auch noch im Stich. Am besten wäre es, wenn jetzt ein gewaltiger Sturm losbräche. Die bösen Menschen wären hinweggefegt. Oder ein Erdbeben würde die ganze verkommene Welt durchschütteln. Kein Stein würde auf dem anderen bleiben. Alles wäre kaputt. Die Menschheit stünde vor den Trümmern ihres Unglaubens. Sie hätte es nicht anders verdient. Und was dann noch da wäre, würde ausgeräuchert und vom Feuer verbrannt. Der ganze Hochmut, die Gottlosigkeit – einfach weg!
So stellt Elija sich das vor, so würde es ihm gefallen. So erhofft er es sich, als er in seiner Höhle sitzt. Gott soll kommen und einmal richtig auf den Tisch hauen, damit alles Böse und Schlechte vernichtet ist.

Ein Gong wird angeschlagen.

V: Ich glaube, wir können diese Gedanken nachvollziehen. Es gibt so viel Schlechtes auf der Welt, da müsste Gott doch einmal mit Gewalt dazwischenfahren und die Dinge in Ordnung bringen. Der Sturm, das Erdbeben, das Feuer vernichten das Leben. Sie machen Angst. Sie bringen das Verderben. Gott ist anders. Er kommt leise und sanft. Er kommt nicht zerstörerisch. Er macht niemanden kaputt. Wir müssen achtsam sein und auf die kleinen, unscheinbaren Dinge im Leben achten, um ihn bemerken zu können. So wie Elija Gott erst im Säuseln wahrnehmen kann, als die Angst und die Wut vorbeigezogen sind.

Mit dem Gong wird ein leiser Ton erzeugt.
Elija kommt vor die Höhle.

V: Diesem sanften Gott kann Elija entgegentreten. Und diesen Gott, der das Leben nicht zerstören, sondern bewahren will, soll Elija den Menschen verkünden. Diesem sanften Gott können auch wir entgegentreten. Von diesem sanften Gott sollen auch wir den Menschen erzählen.

Wiederholung der Lesung: 1 Könige 19,9–15a

Lied: Gottes Wort ist wie Licht in der Nacht (GL 450)

Fürbitten

L: Gott, du bist ein Gott, der das Leben liebt. Wir sind oft verzweifelt und ratlos. Deshalb bringen wir unsere Anliegen zu dir.

- Wir beten für uns: dass wir achtsam werden für die leisen Töne in unserem Leben.
- Wir beten für alle, die verzweifelt sind: dass sie Trost finden.
- Wir beten für alle, die unter Hass und Gewalt leiden: dass sie nicht daran zerbrechen.
- Wir beten für alle, die den Glauben für Egoismus und Macht missbrauchen: dass sie von ihrem Irrweg umkehren.
- Wir beten für alle, die nicht glauben können: dass sie für ihr Leben den richtigen Weg finden.

Gott, hilf uns, aufmerksam zu werden für die unscheinbaren Zeichen deiner Gegenwart und mache uns zu glaubwürdigen Zeugen für deine Botschaft. Darum bitten wir durch Christus. Amen.

Vaterunser

Lied: Herr, unser Herr, wie bist du zugegen (GL 414)

Segen

V: Der Herr öffne dein Herz, damit du seine Güte aufnehmen kannst.
Der Herr öffne deine Ohren, damit du seine Botschaft hören kannst.
Der Herr öffne deinen Mund, damit du anderen Mut zusprechen kannst.
Der Herr öffne deine Hände, damit du Liebe weitergeben kannst.
Das gewähre uns der gütige Gott, der Vater und der Sohn und der Heilige Geist.

Ich habe dich beim Namen gerufen

Jesaja 43,1–4.7

- *Material: Herzen, Stifte, Bänder*

Lied: Herr Jesu Christ, dich zu uns wend (GL 147)

Den eigenen Namen schreiben

Die Mitfeiernden schreiben ihren Namen auf ein Herz. Die Zettel mit den Namen werden in die Mitte um die Kerze gelegt, sodass ein Kreis entsteht.

V: Im Namen des Vaters …

Gebet

V: Herr, du hast uns beim Namen gerufen und ins Leben gestellt. Wir sind nicht zufällig auf dieser Erde, sondern weil du es wolltest. Du kennst uns. Du nimmst Anteil an unserem Schicksal und begleitest uns mit deiner Sympathie. Jeder Mensch hat für dich einen unschätzbaren Wert. Wir bitten dich: Nimm von uns alle Furcht und lass uns deine Nähe spüren.

Lied: Meine Hoffnung und meine Stärke (GL 365)

V: Herr, wir geraten immer wieder in Situationen, in denen wir nicht weiterwissen. Die Jahre und die Mühen haben ihre Spuren hinterlassen. Vieles, was früher selbstverständlich war, ist jetzt nur noch mühsam oder gar nicht mehr möglich. Das Leben fällt uns manchmal schwer, weil Sorgen uns bedrücken. Wer wird noch für uns da sein, wenn wir jemanden brauchen? – Wir bitten dich: Hilf uns in aller Not und gib uns Kraft.

Lied: Meine Hoffnung und meine Stärke (GL 365)

V: Herr, wir haben in unserem Leben viel gearbeitet und viel erreicht. Mit dem, was wir geleistet haben, haben wir uns einen Namen gemacht. Es ist bitter, dass wir so vieles von dem, was wir uns erworben haben, zurücklassen mussten. Es tut weh, wenn wir merken, dass von den nachfolgenden Generationen nicht geschätzt und bewahrt wird, was uns wichtig war.
Herr, wir bitten dich: Bewahre unser Leben in deiner Hand und schenke uns Geborgenheit.

Lied: Meine Hoffnung und meine Stärke (GL 365)

Hl. Schrift: Jesaja 43,1–4.7
L: Lesung aus dem Buch Jesaja:
Jetzt aber – so spricht der Herr, der dich erschaffen hat, Jakob, und der dich geformt hat, Israel: Fürchte dich nicht, denn ich habe dich ausgelöst, ich habe dich beim Namen gerufen, du gehörst mir! Wenn du durchs Wasser schreitest, bin ich bei dir, wenn durch Ströme, dann reißen sie dich nicht fort. Wenn du durchs Feuer gehst, wirst du nicht versengt, keine Flamme wird dich verbrennen. Denn ich, der Herr, bin dein Gott, ich, der Heilige Israels, bin dein Retter. Ich habe Ägypten als Kaufpreis für dich gegeben, Kusch und Seba an deiner Stelle. Weil du in meinen Augen teuer und wertvoll bist und weil ich dich liebe, gebe ich

Menschen für dich und für dein Leben ganze Völker. Denn jeden, der nach meinem Namen benannt ist, habe ich zu meiner Ehre erschaffen, geformt und gemacht.

Veranschaulichung und Deutung

V: Unser Name hat eine große Bedeutung. Wir merken es, wenn wir mit einem falschen Namen angesprochen oder verwechselt werden: »Das bin doch nicht ich!«, ist dann der erste Gedanke. Der Name meint die ganze Persönlichkeit: Das bin ich – mit meiner ganzen Lebensgeschichte, mit all meinen Eigenschaften, mit meiner ganzen Persönlichkeit. Unverwechselbar und einmalig. Diese Schriftstelle versichert: Gott kennt jeden von uns. Jeder ist von Gott gewollt und ins Leben gerufen worden.

Bänder werden von der Kerze ausgehend zu dem Kreis mit den Namen gelegt.

Wie unsere Namen jetzt mit der Kerze verbunden sind, so ist jede und jeder von uns das ganze Leben hindurch mit Gott verbunden. Das gibt dem Leben jedes Menschen einen unvergleichbaren Wert. Über alle Bedrängnisse und Nöte hinweg hält Gott die Beziehung zu uns. Er ist nicht nur der Retter Jakobs, sondern auch unser Retter, der uns in der Not nicht alleinlässt.

Wiederholung der Lesung: Jesaja 43,1–4.7

Lied: Herr, ich bin dein Eigentum (GL 435)

Fürbitten

L: Zu Gott, der uns zu seiner Ehre geschaffen hat, wollen wir unsere Bitten bringen:

- Wir beten für uns: Lass uns immer wieder deine Hilfe und deine Gegenwart spüren.
- Wir beten für die Menschen, die wir im Herzen tragen: Lass sie nicht allein und beschütze sie.
- Wir beten für alle in diesem Haus, die krank sind: Gib ihnen Kraft und Stärke.
- Wir beten für alle, die einsam sind: Gib ihnen Menschen an die Seite, die für sie da sind.
- Wir beten für alle Verzweifelten: Richte sie wieder auf und gib ihnen Hoffnung.
- Wir beten für alle Verstorbenen: Gib ihnen Frieden und Gemeinschaft mit dir.

Barmherziger Vater, steh uns bei und stärke uns in unserem Glauben. Darum bitten wir durch Christus, unseren Herrn. Amen.

V: Diese Bitten und alle Anliegen, die wir unausgesprochen im Herzen tragen, bringen wir zu Gott im Gebet, das Jesus uns hinterlassen hat:

Vaterunser

Lied: Großer Gott (GL 380)

Segen

V: Der Herr segne und behüte uns.
Der Herr führe uns auf Wegen des Heils.
Der Herr halte uns allezeit in seinen schützenden Händen.
Der Herr lasse sein Angesicht über uns leuchten
und sei uns gnädig.
Der Herr wende uns sein Angesicht zu und schenke uns sein Heil.
So segne uns der Vater und der Sohn und der Heilige Geist. Amen.

Die Aussendung der Zwölf

Markus 6,7–13

- *Material: Rucksack (oder Tasche), Brot, frisches Hemd, Geld(börse), Salbe*

Lied: Gott ist dreifaltig einer (GL 354)

V: Im Namen des Vaters ...

V: Wir erleben vieles, was uns belastet und bedrückt. Nehmen Sie sich einen Augenblick Zeit und bringen Sie all das, was Ihnen jetzt am schwersten auf der Seele liegt, in der Stille vor Gott.

Kurze Stille

Kyrie

V: Begrüßen wir Gott in unserer Mitte und bitten um sein Erbarmen.
Gott Vater, du rufst uns in dein Reich – Herr, erbarme dich.
Gott Sohn, du heilst unsere Wunden – Christus, erbarme dich.
Gott Heiliger Geist, du schenkst uns den Lebensatem – Herr, erbarme dich.

Gebet

Dreifaltiger Gott, du hast alle Menschen ins Leben und in deinen Dienst gerufen. Befreie uns von allem Bösen, damit wir deine Botschaft mit einem offenen Herzen empfangen und sie glaubwürdig weitergeben können.
A: Amen.

Lied: Nun lobet Gott im hohen Thron (GL 393)

Einführung

In die Mitte wird ein Rucksack gestellt (darin: Brot, Geld, ein frisches Hemd).

V: Viele von Ihnen sind früher gern gewandert und haben zum Teil große Touren über mehrere Tage unternommen. Als erfahrene Wanderer sind Sie nicht einfach losmarschiert, sondern Sie haben sich auf den Weg vorbereitet und den Rucksack entsprechend gepackt.

Es werden Äußerungen gesammelt, was alles mitzunehmen ist, wenn man sich auf den Weg macht (z.B. Karte, Regen- und Wechselkleidung, Proviant, Geld, Wanderschuhe, Handy ...)

V: Ich habe nur eine kleine Auswahl der Dinge dabei, die man mitnehmen sollte.

Brot, Geld, ein Hemd werden aus dem Rucksack geholt und in die Mitte gelegt.

V: Diese Sachen, die jetzt in der Mitte liegen, kommen auch in dem Text aus dem Evangelium vor, das wir jetzt hören.

Hl. Schrift: Markus 6,7–13
L: Aus dem heiligen Evangelium nach Markus:
Jesus rief die Zwölf zu sich und sandte sie aus, jeweils zwei zusammen. Er gab ihnen Vollmacht über die unreinen Geister und er gebot ihnen, außer einem Wanderstab nichts auf den Weg mitzunehmen, kein Brot, keine Vorratstasche, kein Geld im Gürtel, kein zweites Hemd und an den Füßen nur Sandalen. Und er sagte zu ihnen: Bleibt in dem Haus, in dem ihr einkehrt, bis ihr den Ort wieder verlasst! Wenn man euch aber in einem Ort nicht aufnimmt und euch nicht hören will, dann geht weiter und schüttelt den Staub von euren Füßen, ihnen zum Zeugnis. Und sie zogen aus und verkündeten die Umkehr. Sie trieben viele Dämonen aus und salbten viele Kranke mit Öl und heilten sie.

Veranschaulichung und Deutung

V: Die Anweisung Jesu an seine zwölf Apostel ist anders als wir es erwarten würden. Während wir uns ausrüsten, wenn wir uns auf einen längeren Weg machen, sollen die Apostel gar nichts mitnehmen.

Rucksack, Brot, Geld, Hemd werden aus der Mitte entfernt und beiseitegestellt.

V: Sich mit nichts auf einen langen Weg zu begeben, wirkt auf uns sehr befremdlich. Verständlicher können die Worte Jesu werden, wenn wir darauf achten, was im Mittelpunkt der Aussendung steht. Wenn wir uns auf den Weg machen, möchten wir den Weg genießen und sicher ans Ziel kommen. Die zwölf Apostel haben einen ganz anderen Auftrag: Sie sollen die Menschen dazu bewegen, umzukehren und ihr Leben an Gott auszurichten. Was sie dazu benötigen und mit sich tragen, ist die Botschaft Jesu. Einzig auf ihn sollen sie sich auch verlassen. Deshalb schickt Jesus sie ohne Ausrüstung auf den Weg. Allerdings hat er sie mit seiner Kraft ausgestattet. Sie können Dämonen austreiben und Kranke heilen.

Die Salbe wird in die Mitte gelegt.

V: Diese kurze Erzählung will beispielhaft zeigen, wie es sein wird, wenn Menschen sich ganz auf Gott verlassen und sich in seinen Dienst stellen. Es geht nicht mehr um die täglichen Dinge. Deshalb schickt Jesus die Apostel ohne Vorräte auf den Weg. Die Menschen werden an Leib und Seele geheilt. Sichtbar wird dies an der Heilung der Kranken und der Austreibung der Dämonen. Diese Erzählung von der Aussendung der Apostel kann daher auch heute noch Zuversicht geben. Die Menschen sollen geheilt werden, weil sie die Botschaft Jesu vom Reich Gottes empfangen und weil sie sich darauf einlassen. Da wir heute von Gott angesprochen werden, gilt das auch für uns. Lassen wir uns davon ermutigen, uns für die Botschaft Jesu zu öffnen!

Lied: Was Gott tut, das ist wohlgetan (GL 416)

Fürbitten

L: Zu Jesus Christus, der seine Jünger zu den Menschen sendet, wollen wir beten:

- Sende uns Zeugen deines Evangeliums und öffne bei uns Herz und Verstand dafür.
- Stärke die Kirchen mit dem Wirken des Heiligen Geistes.
- Schütze alle Reisenden auf ihrem Weg.
- Gib allen Kraft, die von den Dämonen der Depression und des Selbstzweifels geplagt sind.
- Verschaffe allen Kranken Linderung.

Denn du hast der Welt das Heil gebracht. Dir sei Lob und Ehre. Amen.

Vaterunser

Segen

V: Der dreifaltige Gott begleite und behüte uns auf allen unseren Wegen und in allen Zeiten unseres Lebens. Er bewahre uns im Glauben, in der Hoffnung und in der Liebe. Er mache uns zu glaubwürdigen Zeugen seines Evangeliums. Es segne uns der Vater und der Sohn und der Heilige Geist. Amen.

Lied: Dank sei dir Vater (GL 484, 1., 5. und 6. Strophe)

Die große Ernte und die wenigen Arbeiter

Matthäus 9,35–38

- *Material: Dunkles Tuch, 4 Steine, helles Tuch, 4 Kerzen, Efeu oder ein grünes Tuch*

Lied: Dein Lob, Herr, ruft der Himmel aus (GL 381, 1.–3. Strophe)

V: Im Namen des Vaters …

Einführung

V: Wir sprechen davon, dass wir einen Gottesdienst feiern. Um un-beschwert feiern zu können, bedenken wir, was das Leben beschwerlich macht.

Ein dunkles Tuch wird ausgelegt; darauf werden zu den Aussagen Steine gelegt.

V: Wir sind eingeladen, alles, was uns belastet, zu Gott zu bringen und es bei ihm abzulegen.

Steine für Belastungen:

- das Erleben der Einsamkeit (*in einem Seniorenheim*: und den Verlust der vertrauten Umgebung),
- Krankheit, gesundheitliche Einschränkungen,
- den Verlust von Menschen, Kontakten und Möglichkeiten, die es früher gab.

- Ein Stein soll für all das liegen, was uns außer diesem Genannten bedrückt.

Ein helles Tuch wird daneben ausgebreitet; darauf werden zu den Aussagen Kerzen gestellt.

V: Zugleich können wir danken für vieles, was uns Freude bereitet und das Leben hell macht.
Kerzen für Lichtblicke:
- Menschen, die mit uns verbunden sind, aber jetzt nicht mitfeiern können.
- Menschen, die sich um uns kümmern und für uns da sind.
- Erinnerungen, die als Schatz gespeichert sind und uns Kraft geben.
- Eine Kerze entzünden wir für alles, was uns außerdem Freude macht.

Gebet
V: Allmächtiger Gott, du sorgst für die Menschen.
Stärke in uns den Glauben
und hilf uns, für die Frohe Botschaft einzustehen.
Darum bitten wir durch Jesus Christus.

Lied: Gott in der Höh sei Preis und Ehr (GL 172)

Hl. Schrift: Matthäus 9,35–38
L: Aus dem heiligen Evangelium nach Matthäus:
Jesus zog durch alle Städte und Dörfer, lehrte in ihren Synagogen, verkündete das Evangelium vom Reich und heilte alle Krank-

heiten und Leiden. Als er die vielen Menschen sah, hatte er Mitleid mit ihnen; denn sie waren müde und erschöpft wie Schafe, die keinen Hirten haben. Da sagte er zu seinen Jüngern: Die Ernte ist groß, aber es gibt nur wenig Arbeiter. Bittet also den Herrn der Ernte, Arbeiter für seine Ernte auszusenden.

Veranschaulichung und Deutung

V: Das Evangelium stellt uns Menschen vor, die nicht zu beneiden sind. Sie sind krank, leidend, müde, erschöpft. Wir alle haben schon Ähnliches erlebt und können uns wohl vorstellen, wie es ihnen geht. In wenigen Worte beschreibt diese Stelle die dunkle, schwierige Seite des menschlichen Lebens. Die Steine auf dem dunklen Tuch halten sie uns vor Augen.
Und Jesus? Wie geht er mit diesen Menschen um? Er sieht die erschöpften Menschen und hat Mitleid. Er belässt es allerdings nicht nur bei einem Gefühl und hat nicht nur aufmerksame Blicke und nette Worte für sie. Er handelt. Jesus ist der Heiland; er verändert das Leben der geplagten Menschen. Das lateinische Wort für das, was Jesus tut, ist Caritas. Es meint die Liebe, die sich in der guten Tat für den Nächsten ausdrückt.

Efeu (oder ein grünes Tuch) wird von der Kerze zu den Steinen gelegt.

V: Mit der Caritas, der tätigen Nächstenliebe, kommt etwas Neues in das Dasein der Menschen. Etwas Lebendiges entsteht, die Hoffnung auf ein besseres Leben keimt auf. Die Menschen werden von ihrem Leid befreit. Wir alle sind aufgefordert, an der Caritas mitzuwirken wie es in der Kirche von Anfang an üblich war. Denn Jesus gibt sein Werk in die Hand der Menschen. Wir alle sollen daran mitarbeiten, dass das Evangelium vom Reich Gottes zu den Menschen kommt und ihr Leben besser wird. Es liegt an uns allen, dafür zu sorgen, dass dieses helle Tuch und der Schein der Kerzen mehr Raum in der Welt einnehmen.

Wiederholung des Evangeliums: Matthäus 9,35–38

Lied: Was Gott tut, das ist wohlgetan (GL 416)

Fürbitten

L: Herr Jesus Christus, du bist mit den Wegen der Menschen vertraut. Du willst, dass wir aufeinander achten und füreinander da sind. Voller Vertrauen bringen wir unsere Anliegen zu dir:

- Öffne allen Menschen die Augen für die Not der Hilfsbedürftigen.
- Schenke denen Trost, die sich nicht mehr aus einer Notlage befreien können.
- Stärke alle, die sich für die Menschen einsetzen, die in Not geraten sind.
- Mach uns Christen bereit, auf dein Wort zu hören und deinen Willen zu beachten.
- Führe unsere Verstorbenen in das ewige Licht.

Gütiger Gott, du willst uns vermitteln, wie wir zu einem erfüllten Leben gelangen. Stärke uns, damit wir deine Botschaft glaubwürdig weitergeben. Darum bitten wir durch Christus, unseren Herrn. Amen.

Vaterunser

Lied: Großer Gott, wir loben dich (GL 380, 1.–3. Strophe)

Segen

V: Der Herr begleite dich auf all deinen Wegen.
Er sei in dir mit seiner Liebe.
Er sei neben dir, um dich zu stützen, wenn du zu fallen drohst.
Er sei über dir, um alles Bedrohliche von dir abzuhalten.
Er sei vor dir, um dir über Hindernisse hinwegzuhelfen.
Er segne und behüte dich.
Er lasse sein Angesicht über dir leuchten
und schenke dir seinen Frieden. Amen.

Mühselig und beladen

Matthäus 11,28–29

- *Material: Herz, Stift, (gegebenenfalls vorbereitete) Zettel*

Lied: Komm her, freu dich mit uns (GL 148)

V: Im Namen des Vaters ...

Einführung und Veranschaulichung

V: »Kommt alle zu mir«, heißt es heute im Evangelium, das wir später hören werden. Jesus spricht diese Einladung aus. Sie richtet sich auch an uns, die wir hier versammelt sind. Wir sind von Jesus eingeladen. Wenn jemand eine Einladung ausspricht, dann sucht er Gemeinschaft. Er möchte andere Menschen um sich haben, mit ihnen feiern und ihnen Gutes tun. Eingeladen wird, wer einem wichtig ist und einem am Herzen liegt: Angehörige, Freunde, Bekannte, Nachbarn.

Symbol Herz in die Mitte legen.

Wenn man eingeladen wird, bringt man vielleicht ein Geschenk mit. Auf jeden Fall hat man aber immer sich selbst im Gepäck. Keiner kommt als unbeschriebenes Blatt. Jeder hat seine Lebensgeschichte dabei und darf sich damit willkommen fühlen. Man kommt mit dem Schönen und Guten; es gibt aber auch das Bedrückende und Belastende, das man gern loswerden würde.

Überlegen Sie und sprechen Sie aus: Was plagt Sie? Und was ist für Sie eine schwere Last, mit der Sie beladen sind?

Die Aussagen werden auf Zetteln notiert und in der Mitte um das Herz gesammelt.
Gegebenenfalls können vorbereitete Zettel ausgelegt werden: Krankheit, Gebrechen, Schuld, Einsamkeit/Verlassenheit, Verluste von lieben Menschen, von Kontakten, von ausgeübten Tätigkeiten, von Selbständigkeit (im Seniorenheim oft von Eigentum, das nicht mitgebracht werden konnte).

Kyrie

L: Jesus spricht uns gegenüber eine Einladung aus. Damit wir unbeschwert feiern können, bitten wir ihn um sein Erbarmen:
Herr Jesus Christus, du kennst uns beim Namen und lädst uns ein – Herr, erbarme dich.
Herr Jesus Christus, du stehst uns in unserer Schwachheit bei und gehst in unserem Leben mit uns – Christus, erbarme dich.
Herr Jesus Christus, du weißt, was wir brauchen, und du stärkst uns – Herr, erbarme dich.

Lied: Hilf, Herr meines Lebens (GL 440)

Gebet

V: Allmächtiger und barmherziger Gott, von Beginn unseres Daseins an sind wir mit dir verbunden. Du bist allen nahe, die dich im Vertrauen suchen. Führe uns durch dein Wort und deine Gnade zur Gemeinschaft mit dir. Darum bitten wir durch Christus, unseren Herrn.

Hl. Schrift: Matthäus 11,28–29

L: Aus dem heiligen Evangelium nach Matthäus:

Kommt alle zu mir, die ihr mühselig und beladen seid! Ich will euch erquicken. Nehmt mein Joch auf euch und lernt von mir; denn ich bin gütig und von Herzen demütig; und ihr werdet Ruhe finden für eure Seele.

Deutung

V: Es ist interessant, wen Jesus auffordert, zu ihm kommen – und wen nicht. Es sind nicht die Guten; nicht die, denen nichts fehlt und die nichts brauchen; es sind nicht die Menschen, die sich für perfekt oder makellos halten; auch nicht die, die von vielen beneidet werden. Jesus will gerade die Menschen bei sich haben, deren Leben mühselig und mit allerhand Lasten beladen ist. Solchen Lasten, wie wir sie in die Mitte gelegt haben. Menschen wie Sie und mich möchte Jesus um sich haben. Ich denke, wir alle können uns von der Schriftstelle angesprochen fühlen. Die vielen Lebensjahre haben ihre Spuren hinterlassen. Wir spüren sie und den Verschleiß an manchen Stellen unseres Körpers und des Geistes. Aber auch an der Seele sind die Jahre nicht spurlos vorübergegangen. Das Leben ist ein Auf und Ab und es hinterlässt bei jedem Narben – nicht nur äußerlich, sondern auch im Inneren.

In diesem Zustand erhalten wir von Jesus eine Zusage. Wir sollen Ruhe für die Seele finden. Ruhe: Das bedeutet, nichts tun zu müssen, keine Verpflichtung zu haben. Es ist dann für alles gesorgt, man kann sich geborgen fühlen; es geht einem gut. So ist Gott: Er lädt jeden ein. Jeder Mensch ist ihm wichtig – mit seinen guten Seiten, aber auch mit allen Lasten. Bei Gott darf es sein, er lehnt deshalb keinen ab. So, wie wir nun einmal sind, dürfen wir zu Gott kommen. Wir können darauf vertrauen, dass wir bei ihm Ruhe finden und geborgen sind.

Lied: Ich lobe meinen Gott (GL 383)

Fürbitten

L: Zu Christus, der unsere Lasten kennt, wollen wir beten:

- Für alle Kranken: Stärke sie mit deiner Kraft.
- Für alle alten Menschen: Lass sie zufrieden und versöhnt auf ihren Lebensweg schauen.
- Für alle, die sich um alte und kranke Menschen sorgen: Gib ihnen Geduld, ein offenes Ohr und ein weites Herz.
- Für alle Menschen, die verzweifelt sind und keinen Ausweg mehr sehen: Schenke ihnen Hoffnung.

Denn du nimmst dich aller Menschen an. Dir sei Lob und Dank in Ewigkeit.

Vaterunser

Lied: Den Herren will ich loben (GL 395)

Segen

V: Der gute und allmächtige Gott sei mit seiner Güte bei uns.
Er gebe uns in der Schwachheit Kraft,
in der Verzweiflung Hoffnung,
im Leid Geduld.
Er führe uns zur Gemeinschaft mit ihm.
Das gewähre uns der Vater und der Sohn und der Heilige Geist.

Vom Dienen und Herrschen

Markus 10,35–45

- *Material: Thron (z.B. ein schön hergerichteter Stuhl)*

Lied: Wo zwei oder drei (GL 838)
oder: Herr, gib uns Mut zum Hören (GL 448)

V: Im Namen des Vaters ...

Lied: Bekehre uns (GL 266, 1. und 5.–7. Strophe)

Gebet

V: Allmächtiger Gott, du bist der Herrscher über die Welt. Gib uns ein offenes Herz und einen wachen Verstand, damit wir bereit sind, deinen Willen anzunehmen und dir und den Menschen zu dienen. Darum bitten wir durch Jesus Christus.

Lied: Christus, du Herrscher Himmels und der Erde (GL 370)

Hl. Schrift: Markus 10,35–45

L: Aus dem heiligen Evangelium nach Markus:
Da traten Jakobus und Johannes, die Söhne des Zebedäus, zu ihm und sagten: Meister, wir möchten, dass du uns eine Bitte erfüllst. Er antwortete: Was soll ich für euch tun? Sie sagten zu ihm: Lass in deiner Herrlichkeit einen von uns rechts und den andern links neben dir sitzen! Jesus erwiderte: Ihr wisst nicht, worum ihr bittet. Könnt ihr den Kelch trinken, den ich trinke, oder die Taufe

auf euch nehmen, mit der ich getauft werde? Sie antworteten: Wir können es. Da sagte Jesus zu ihnen: Ihr werdet den Kelch trinken, den ich trinke, und die Taufe empfangen, mit der ich getauft werde. Doch den Platz zu meiner Rechten und zu meiner Linken habe nicht ich zu vergeben; dort werden die sitzen, für die es bestimmt ist. Als die zehn anderen Jünger das hörten, wurden sie sehr ärgerlich über Jakobus und Johannes. Da rief Jesus sie zu sich und sagte: Ihr wisst, dass die, die als Herrscher gelten, ihre Völker unterdrücken und ihre Großen ihre Macht gegen sie gebrauchen. Bei euch aber soll es nicht so sein, sondern wer bei euch groß sein will, der soll euer Diener sein, und wer bei euch der Erste sein will, soll der Sklave aller sein. Denn auch der Menschensohn ist nicht gekommen, um sich dienen zu lassen, sondern um zu dienen und sein Leben hinzugeben als Lösegeld für viele.

Veranschaulichung und Deutung

V: Es ist eine Erfahrung, die wir immer wieder machen: Es gibt »die Großen« und »die Kleinen«. Wer Macht hat, wer oben ist, hat mehr Rechte als der unten. Er oder sie hat mehr zu sagen und einen größeren Einfluss.

Ein Thron wird in die Mitte gestellt.

Wer Macht hat, ist herausgehoben, steht als Herrscher über den Untertanen und ist bessergestellt als die Normalsterblichen. Von so einem Thron lässt sich hervorragend auf alle anderen herabsehen. Die Untertanen stehen ja tatsächlich unten und müssen ihrerseits zum Herrscher aufblicken. Man kann daher Verständnis für Jakobus und Johannes haben, die einen guten Platz im Reich Gottes anstreben. Sie meinen ja, sie hätten sich diesen Platz durch ihren Einsatz verdient. Schließlich haben sie auch schon allerhand Opfer gebracht und sind zu weiteren bereit.

Jesus hat jedoch gerade mit seiner Haltung, den Menschen zu dienen, die Welt verändert. Deshalb kehrt er die Sichtweise der beiden Jünger um. Groß ist nicht, wer den anderen befiehlt oder sie gar ausbeutet und so seine Macht missbraucht. Im Gegenteil, groß ist, wer dient und wie ein Sklave den anderen ganz ohne Macht entgegentritt – so, wie Jesus aufgetreten ist. Er selbst hat auf weltliche Macht verzichtet. Gerade dadurch hat er den Menschen eine neue Orientierung gegeben. Er hat sie auf die Herrschaft Gottes ausgerichtet. Er hat auf jegliche weltliche Macht verzichtet und sein Leben hingegeben. Damit hat er die Erlösung von den Sünden gebracht. Genau so soll auch die Einstellung unter den Jüngern sein. Die Jünger, also auch wir, sollen dem Beispiel Jesu folgen. Der Zweck des Dienens besteht nicht darin, sich klein und unbedeutend zu machen. Dienen im Sinne Jesu bedeutet, sich am Willen Gottes zu orientieren und dadurch menschliche Größe zu erlangen. Es ist ein Dienst, der zum wahren Leben führt.

Jesus belehrt seine Jünger in dieser Erzählung über den richtigen Umgang miteinander. Befolgen alle seine Weisung vom Dienen, dann gibt es keine Herrscher und Diener, kein Oben und Unten mehr, dann strebt niemand nach dem Vorrang gegenüber anderen. Dann ist es auch völlig egal, ob jemand Sklave ist oder Herr. Es sind ja alle gleich und alle haben sich dem einen Ziel verschrieben: dem Dienst am Leben. Deshalb bleibt in der Gemeinschaft der Jünger am Ende der Thron auch unbesetzt.

Lied: Lasst uns loben, freudig loben (GL 489)

Fürbitten

L: Zu Jesus Christus, der uns gezeigt hat, wie wir leben sollen, bringen wir unsere Bitten. Wir beten:

- Für die Regierenden: dass sie auf das Wohl ihrer Völker achten.
- Für die Unterdrückten: dass sie Gerechtigkeit erfahren.
- Für alle, die unscheinbar ihren Dienst an der Gemeinschaft leisten: dass sie dafür Kraft finden.
- Für alle Leidenden: dass sie Hilfe bekommen.
- Für alle Verstorbenen: dass sie einen Platz im Himmel erhalten.

Herr, du hast ein Beispiel gegeben, wie wir einander dienen sollen. Erhöre unser Gebet und stärke uns, damit wir deinem Beispiel folgen können. Amen.

Vaterunser

Segen

V: Der Herr segne und behüte uns. Er lasse sein Angesicht über uns leuchten und sei uns gnädig. Er wende uns sein Angesicht zu und schenke uns Frieden.

Lied: Mir nach, spricht Christus, unser Held (GL 461)

Die Heilung des blinden Bartimäus

Markus 10,46–52

- *Material: Figur, beschriftete Zettel (blind, Bettler, am Rand, am Boden, Schweig!), andersfarbige beschriftete Zettel (in der Mitte, aufrecht, Sprich!, sehend, Jünger)*

Lied: Ich lobe meinen Gott (GL 383)

V: Im Namen des Vaters ...

Einstimmung und Kyrie

V: Wir sind zusammengekommen, um zu beten und unser Leben zu bedenken. Die Kerze und das Kreuz sind Symbole dafür, dass Gott jetzt unter uns ist. Deshalb können wir in einer kurzen Stille alles Bedrückende in Gedanken zu ihm bringen und bei ihm am Kreuz ablegen.
(Stille)
Bitten wir ihn darum, dass er uns mit seinem Erbarmen erleuchtet:
Damit wir die Welt mit offenen Augen sehen – Herr, erbarme dich.
Damit wir auf die Stimme der Notleidenden hören – Christus, erbarme dich.
Damit wir denen helfen aufzustehen, die am Boden liegen – Herr, erbarme dich.

Lied: Zu dir, o Gott, erheben wir die Seele mit Vertrauen (GL 142)

Gebet

V: Guter Gott, dein Sohn hat uns gelehrt, was Glaube bedeutet. Gib uns den Mut, nach seiner Botschaft zu leben und führe uns zur Gemeinschaft mit ihm. Amen.

Hl. Schrift: Markus 10,46–52

L: Aus dem heiligen Evangelium nach Markus:

In jener Zeit, als Jesus mit seinen Jüngern und einer großen Menschenmenge Jericho verließ, saß am Weg ein blinder Bettler, Bartimäus, der Sohn des Timäus. Sobald er hörte, dass es Jesus von Nazaret war, rief er laut: Sohn Davids, Jesus, hab Erbarmen mit mir! Viele befahlen ihm zu schweigen. Er aber schrie noch viel lauter: Sohn Davids, hab Erbarmen mit mir! Jesus blieb stehen und sagte: Ruft ihn her! Sie riefen den Blinden und sagten zu ihm: Hab nur Mut, steh auf, er ruft dich. Da warf er seinen Mantel weg, sprang auf und lief auf Jesus zu. Und Jesus fragte ihn: Was willst du, dass ich dir tue? Der Blinde antwortete: Rabbuni, ich möchte sehen können. Da sagte Jesus zu ihm: Geh! Dein Glaube hat dich gerettet. Im gleichen Augenblick konnte er sehen und er folgte Jesus auf seinem Weg nach.

Veranschaulichung und Deutung

V: Die Geschichte vom blinden Bettler Bartimäus macht anschaulich, wie sich durch den Glauben und die Begegnung mit Jesus das Leben eines Menschen verändern kann.

Eine Figur wird in die Mitte gesetzt (oder gelegt).

Vor der Begegnung mit Jesus ist Bartimäus am Beginn dieser kurzen Geschichte eine bedauernswerte Gestalt. Weil er blind ist, kann er sich seinen Lebensunterhalt nicht selbst verdienen. Deshalb ist er auf Almosen angewiesen und fristet sein Dasein als Bettler. In seiner Hilflosigkeit befindet er sich am Rand des Weges und der Gesellschaft. Er ist ein Mensch, der buchstäblich am Boden ist.

Zettel mit den Wörtern »blind«, »Bettler«, »am Rand«, »am Boden« werden um die Figur in die Mitte gelegt.

V: Was hat so ein Mensch schon zu melden? Er soll Ruhe geben und mit dem zufrieden sein, was man ihm aus Gnade als Almosen zukommen lässt. Daher reagiert die Masse auch ungehalten, als er zu schreien beginnt.

Ein Zettel »Schweig!« wird zu den anderen gelegt.

Aber Jesus hört sein Rufen und lässt ihn zu sich kommen. Durch seine Aufmunterung richtet er den Bettler auf und holt ihn in die Mitte.

Die Figur wird aufgerichtet. Die Zettel »am Boden« und »am Rand« werden überdeckt mit Zetteln »aufrecht« und »in der Mitte«.

Jesus nimmt diesen armen Bettler ernst. Er vermittelt ihm und allen Umstehenden, dass dieser Mensch etwas zu sagen hat. Er hat einen Anspruch darauf, angehört zu werden.

»Schweig!« wird mit einem Zettel »Sprich!« überdeckt.

Jesus bemerkt den großen Glauben des Bartimäus. Deshalb geschieht das Wunder: Der Blinde kann sehen. Er ist nicht länger auf Almosen angewiesen, sondern kann seinen eigenen Weg gehen. Weil Bartimäus in Jesus den Messias erkannt hat und so großes Vertrauen in ihn aufbringt, wird er zu einem der Jünger.

Die Zettel »blind« und »Bettler« werden überdeckt mit »sehend« und »Jünger«.

V: Diese Geschichte schildert in ein paar Sätzen, wie der Glaube das Leben eines Menschen verändert. Sie macht auch deutlich, dass er dazu führt, den Weg Jesu mitzugehen. Wir erfahren auch, was Glaube ist: das Vertrauen in das Wirken Gottes. Glaube ist kein Für-wahr-Halten von Sätzen, die man herunterbeten kann, sondern eine vertrauensvolle Beziehung zu Gott.

Lied: Erhör, o Gott, mein Flehen (GL 439)

Fürbitten

L: Herr Jesus Christus, du siehst auf die Not der Menschen. Daher bitten wir dich:
(Antwort: Hab Erbarmen mit uns!)

- Für alle, die an Körper oder Seele erkrankt sind: um Trost und Beistand.
- Für alle, die sich um Kranke kümmern: um Geduld und innere Stärke.

- Für alle, die sich für andere einsetzen: um Mut und Zuversicht.
- Für alle, die um den richtigen Weg in ihrem Leben ringen: um Klugheit und Vertrauen.
- Für alle, die wir im Herzen tragen und denen wir uns jetzt verbunden fühlen: um deinen Schutz.

Allmächtiger Gott, du hast auf den Glauben des blinden Bettlers geachtet. Gib, dass wir durch den Glauben zum ewigen Leben gelangen durch Christus, unseren Herrn.

Vaterunser

V: Bringen wir diese und alle Anliegen, die wir in uns tragen, im Vaterunser vor Gott: Vater unser …

Lied: Herr, du bist mein Leben (GL 456)

Segen

V: Dein Vertrauen in die Kraft Gottes stärke dich,
dass du deine Stimme für das Gute erheben kannst,
dass du mutig zu deinem Glauben stehen kannst,
dass du aufrecht deinen Weg gehen kannst.
So sei Gottes Segen mit dir und uns allen:
Im Namen des Vaters und des Sohnes und des Heiligen Geistes.

Das Gleichnis vom Sämann

Matthäus 13,3b–9

- *Material: eine Schale mit Samen (z. B. Sonnenblumen- oder Weizenkörner), graues Tuch, kleine Steine, Dornenzweig, braunes Tuch, Ähren oder eine Sonnenblume*

Lied: Zu dir, o Gott, erheben wir die Seele mit Vertrauen (GL 142)

V: Im Namen des Vaters …

Einführung

V: Wir alle haben eine Lebensgeschichte. Wenn wir sie betrachten, weist sie sicherlich nicht nur Höhen, sondern auch Tiefen auf. In diese Lebensgeschichte eingewoben ist unsere Glaubensgeschichte. Auch sie dürfte nicht immer geradlinig verlaufen sein. Manchmal fällt es leichter, sich an Gott und sein Wort zu halten, manchmal aber auch schwerer. Lebens- und Glaubenswege sind nicht immer nur Erfolgsgeschichten. Es gehören immer auch Phasen dazu, in denen etwas schwerfällt oder sogar verlorengeht. Das Gleichnis vom Sämann kann uns dazu anleiten, über den eigenen Glauben nachzudenken.

Kyrie

L: Bitten wir dazu Gott um seine Hilfe und sein Erbarmen.
Gott, du bist unser Vater und hast uns ins Leben gestellt, damit wir wachsen und uns entfalten – Herr, erbarme dich.

Du bestärkst uns mit deiner Botschaft, unseren Weg zu gehen – Christus, erbarme dich.
Du hilfst uns, dass unser Leben reiche Frucht bringt – Herr, erbarme dich.

Lied: Singt dem Herrn ein neues Lied (GL 409, 1. und 2. Strophe)

Gebet

V: Guter Gott, du hast den Samen deines Wortes ausgesät, damit es in unserem Leben wachsen und Frucht bringen kann. Mach uns bereit, deine Frohe Botschaft aufzunehmen. Darum bitten wir durch Christus, unseren Herrn. Amen.

Lied: Singt dem Herrn ein neues Lied (GL 409, 3. und 4. Strophe)

Hl. Schrift: Matthäus 13,3b–9

L: Aus dem heiligen Evangelium nach Matthäus:
Jesus sagte: Siehe, ein Sämann ging hinaus, um zu säen. Als er säte, fiel ein Teil auf den Weg und die Vögel kamen und fraßen es. Ein anderer Teil fiel auf felsigen Boden, wo es nur wenig Erde gab, und ging sofort auf, weil das Erdreich nicht tief war; als aber die Sonne hochstieg, wurde die Saat versengt und verdorrte, weil sie keine Wurzeln hatte. Wieder ein anderer Teil fiel in die Dornen und die Dornen wuchsen und erstickten die Saat. Ein anderer Teil aber fiel auf guten Boden und brachte Frucht, teils hundertfach, teils sechzigfach, teils dreißigfach. Wer Ohren hat, der höre!

Veranschaulichung und Deutung

V: Vielen von Ihnen ist das Gleichnis vom Sämann und die Erfahrung, die es schildert, gut vertraut. Sie haben selbst auf Ihren Feldern oder in Ihrem Garten Saatgut ausgesät. Wie im Gleichnis muss man dann oft die Erfahrung machen, dass allen Mühen zum Trotz vieles nicht aufgeht. Denn manchmal passen die Bedingungen einfach nicht.

Die Schale mit den Samenkörnern wird gezeigt.

V: Das Gleichnis vom Sämann ist keine Belehrung für Landwirte oder Gärtnerinnen. Jesus erzählt es, weil er etwas über das Reich Gottes sagen will. Die Samenkörner sind die Worte Jesu. Er und seine Jünger bringen das Evangelium unter die Menschen. Aber was wird daraus?

Das graue Tuch wird als Weg gelegt, daneben die kleinen Steine und der Dornenzweig. Dazu werden einige Samenkörner gelegt.

V: Es gibt Menschen, die hören wohl die Worte, aber bei ihnen kommen sie nicht an. Sie finden keinen Halt. Der Glaube kann daher keine Wurzeln schlagen oder er verdorrt und verkümmert. Auch bei Menschen, denen der Glaube wichtig ist, gibt es manchmal Erlebnisse, die wie schwere Steine den Glauben begraben. Es kann auch sein, dass man durch etwas so verletzt wird, dass man an seinem Glauben zweifelt oder ihn – zumindest zeitweise – verliert.
Ich lade Sie ein, an Ihre eigene Lebens- und Glaubensgeschichte zu denken. Was hat es Ihnen schwer gemacht, zu glauben?

Je nach Größe und Zusammensetzung der Gemeinschaft der Feiernden kann die Frage in einer Zeit der Stille (evtl. untermalt von meditativer Musik) persönlich beantwortet werden. Oder die Mitfeiernden erhalten die Gelegenheit, ihre Erfahrungen und Gedanken zu äußern. Anschließend wird der nächste Impuls gesetzt:

V: Allerdings gibt es auch die Erfahrung, dass der Glaube aufblüht und das Wort Gottes Frucht bringt.

Ein braunes Tuch wird als fruchtbare Erde neben den Weg gelegt; darauf kommen wieder einige Samenkörner.

V: Aber was kann konkret die Frucht sein, die durch den Glauben an das Wort Gottes entsteht? – Denken Sie auch darüber nach, wie Sie die Früchte des Glaubens in Ihrer persönlichen Geschichte erlebt haben. Was ist dadurch wie diese Ähre/Sonnenblume Schönes in Ihr Leben gekommen?

Die Ähre bzw. Sonnenblume wird auf das braune Tuch gelegt. Wiederum kann die Frage in Stille persönlich beantwortet werden oder zu einem Austausch in der Gruppe führen.

V: Zusammenfassend lässt sich (vielleicht) sagen: Der Glaube wächst nicht von sich aus. Damit er wachsen kann, brauchen wir die richtigen Bedingungen – ein Umfeld, in dem unser Glaube gepflegt wird durch das Feiern in der Gemeinschaft und durch das persönliche Gebet. Vor allem muss es auch einen Sämann geben; das heißt der Glaube kommt zu Menschen durch Vorbilder, die ihn ausstreuen.

Bei jedem Menschen wird sich der Glaube im Lauf des Lebens immer wieder verändern, teilweise verkümmern und wieder aufblühen. Aber wir dürfen hoffentlich auch immer wieder die Früchte des Glaubens spüren und dafür dankbar sein.

Lied: Herr, gib uns Mut zu hören (GL 448)

Fürbitten

L: Guter Gott, du streust den Samen deiner Botschaft aus. Damit willst du alle Menschen in dein Himmelreich führen. Im Vertrauen auf deine Güte bringen wir unsere Anliegen zu dir:

- Wir beten für alle, die deine Frohe Botschaft verkünden: Schenke ihnen die richtigen Worte, damit sie die Herzen der Menschen erreichen.
- Wir beten für alle, deren Glaube verkümmert ist und die zweifeln: Lass sie auf Vorbilder im Glauben treffen.
- Wir beten für alle, die wegen ihres Glaubens verfolgt werden: Gib ihnen Trost und Standhaftigkeit.
- Wir beten für alle, die durch Schicksalsschläge entwurzelt und verzweifelt sind: Lass sie Menschen finden, die sie aufrichten und die ihnen Stütze sind.
- Wir beten für die Kinder und Jugendlichen: Lass sie die Erfahrung machen, dass dein Wort ihnen guttut.

Denn du willst, dass wir uns in unserem Leben entfalten und Reife erlangen. Dafür loben und preisen wir dich in Ewigkeit. Amen.

Vaterunser

Segen

V: Der Herr setze unsere Füße auf festen Boden,
damit wir Halt finden.
Er lasse die Sonne über uns scheinen,
damit unsere Herzen warm werden.
Er schenke uns milden Regen,
damit wir wachsen können.
Er gebe uns sanften Wind in den Rücken,
damit wir nicht erstarren
und auf unserem Weg weiterkommen.
Er bewahre uns in seiner Gnade.
Das gewähre uns der Vater und der Sohn und der Heilige Geist.

Segenslied: Der Herr wird dich mit seiner Güte segnen (GL 452, 1.–3. Strophe)

Der barmherzige Samariter

Lukas 10,25–37

- *Material: Dunkles Tuch, Pflaster oder Mullbinde, Herz, Hand*

Lied: Wo zwei oder drei (GL 838)
oder: Lass uns in deinem Namen (GL 446)

V: Im Namen des Vaters ...

Einführung

V: Ein Blick in die Zeitung oder in die Nachrichten genügt: Auf der Welt gibt es viel Not. Wie soll man damit umgehen? Wir können doch nicht das ganze Elend der Welt beseitigen. Und wenn es dann ganz konkret wird und ein Mensch, dem man begegnet, in Not ist – wie soll ich mit ihm umgehen? Davon handelt die biblische Geschichte, die wir in unserer heutigen Feier hören.

Kyrie

L: Herr Jesus Christus, du hast aus den Worten der Heiligen Schrift gelebt – Herr, erbarme dich.
Du hast dich den Fragen der Menschen gestellt – Christus, erbarme dich.
Du lehrst uns, wie wir den Willen Gottes verstehen sollen – Herr, erbarme dich.

Lied: Nun jauchzt dem Herren alle Welt (GL 144)

Gebet

V: Guter Gott, du zeigst uns das Licht der Wahrheit und leitest uns auf den rechten Weg. Gib allen Christen die Kraft zu einem Leben aus dem Glauben. Darum bitten wir durch Jesus Christus.

Hl. Schrift: Lukas 10,25–37

L: Aus dem heiligen Evangelium nach Lukas:
Und siehe, ein Gesetzeslehrer stand auf, um Jesus auf die Probe zu stellen, und fragte ihn: Meister, was muss ich tun, um das ewige Leben zu erben? Jesus sagte zu ihm: Was steht im Gesetz geschrieben? Was liest du? Er antwortete: Du sollst den Herrn, deinen Gott, lieben mit deinem ganzen Herzen und deiner ganzen Seele, mit deiner ganzen Kraft und deinem ganzen Denken, und deinen Nächsten wie dich selbst. Jesus sagte zu ihm: Du hast richtig geantwortet. Handle danach und du wirst leben!
Der Gesetzeslehrer wollte sich rechtfertigen und sagte zu Jesus: Und wer ist mein Nächster? Darauf antwortete ihm Jesus: Ein Mann ging von Jerusalem nach Jericho hinab und wurde von Räubern überfallen. Sie plünderten ihn aus und schlugen ihn nieder; dann gingen sie weg und ließen ihn halbtot liegen. Zufällig kam ein Priester denselben Weg herab; er sah ihn und ging vorüber. Ebenso kam auch ein Levit zu der Stelle; er sah ihn und ging vorüber. Ein Samariter aber, der auf der Reise war, kam zu ihm; er sah ihn und hatte Mitleid, ging zu ihm hin, goss Öl und Wein auf seine Wunden und verband sie. Dann hob er ihn auf sein eigenes Reittier, brachte ihn zu einer Herberge und sorgte für ihn. Und am nächsten Tag holte er zwei Denare hervor, gab sie dem Wirt und sagte: Sorge für ihn, und wenn du mehr für ihn brauchst, werde ich es dir bezahlen, wenn ich wiederkomme. Wer

von diesen dreien meinst du, ist dem der Nächste geworden, der von den Räubern überfallen wurde? Der Gesetzeslehrer antwortete: Der barmherzig an ihm gehandelt hat. Da sagte Jesus zu ihm: Dann geh und handle du genauso!

Veranschaulichung und Deutung

V: In dieser Geschichte steht zunächst die Frage im Raum: Wer ist wem der Nächste? Konkret heißt das: Wem sollte unsere Liebe und unsere Hilfe gelten? Hinter der Frage des Gesetzeslehrers steht aber noch ein grundlegendes Anliegen: Wie erlangen wir das ewige Leben bei Gott?
Was wir eben gehört haben, ist uns nicht unbekannt. Auch heute gibt es viel Not. Wie in dieser Geschichte kann jeder, auch ein Fremder, zum Nächsten werden. Denn viele Menschen leiden an körperlichen Wunden, aber auch an seelischen. Sie haben mit Krankheiten zu kämpfen und auch mit Verlusten wie dem Tod von lieben Menschen oder der Heimat, des gewohnten Umfelds. Auch Ängste vor dem, was in der Zukunft kommen wird, machen vielen zu schaffen.

Ein dunkles Tuch wird als Sinnbild dafür in die Mitte gelegt.

V: Aber wem sollen wir helfen? Wer ist denn unser Nächster? Jesus antwortet darauf, indem er eine Geschichte über die Beziehung der Menschen untereinander und insbesondere über den Umgang miteinander erzählt. Es besteht kein Zweifel, dass der überfallene Mann auf Hilfe angewiesen ist.

Pflaster oder Mullbinde wird auf das Tuch gelegt.

V: Während der Priester und der Levit ihren Landsmann auf dem Weg nach Jerusalem hilflos liegen lassen, hilft der Samariter dem Fremden. Er versorgt die Wunden. Er beseitigt die akute Not des Mannes. Aber er leitet auch die dauerhafte Hilfe ein, indem er die Kosten beim Wirt übernimmt. Warum hilft der Samariter dem fremden Mann?

Ein Herz wird in die Mitte gelegt.

V: Er sieht mit dem Herzen und lässt sich aufhalten. Während Priester und Levit weitergehen, um rechtzeitig zu ihrem Termin zu kommen, bleibt der Samariter stehen. Der Überfallene ist ihm wichtiger als seine Pläne. Sein Verstand sagt wohl: Ich muss weiter. Aber sein Herz gibt ihm ein: Bleib stehen, hilf! Es siegt über den Verstand.

Eine Hand wird auf das Tuch gelegt.

V: Der Samariter belässt es nicht beim bloßen Mitleid, sondern er wird tätig. Er übt Barmherzigkeit aus. – Was bedeutet das für uns? Ein Leben aus dem Glauben heißt, ein offenes Herz zu haben und mit einer helfenden Hand tätig zu werden. Dabei kann jeder zum Nächsten werden, nicht nur Menschen, die man kennt oder die man mag. Glaube braucht Herz und Hand. Dann führt er zum Leben in Fülle.

Lied: Hilf, Herr meines Lebens (GL 440)

Fürbitten

L: Herr Jesus Christus, du bist mit den Wegen der Menschen vertraut. Du regst uns an, aufeinander zu achten und füreinander da zu sein. Voller Vertrauen bringen wir unsere Anliegen zu dir:

- Öffne den Menschen, die sich von ihren eigenen Bedürfnissen treiben lassen, die Augen für die Not der Hilfsbedürftigen.
- Stärke alle, die sich für die Menschen einsetzen, die in Not geraten sind.
- Schenke denen Beistand, die sich selbst nicht mehr aus einer Notlage befreien können.
- Mach uns Christen bereit, auf dein Wort zu hören und deinen Willen zu beachten.
- Führe unsere Verstorbenen in das ewige Licht.

In deinen Worten willst du uns vermitteln, wie wir zu einem erfüllten Leben gelangen. Mach uns bereit, ihnen zu folgen. Lass uns erkennen, was uns und anderen zum Heil dient. Amen.

Vaterunser

Lied: Alles meinem Gott zu Ehren (GL 455)

Gebet

V: Herr, unser Gott, wir danken dir für dein Wort, das wir gehört haben.

Gib, dass es uns zu einem erfüllten Leben und zum ewigen Heil verhilft.

Darum bitten wir durch Christus, unseren Herrn.

Segen

V: Gott, der allmächtige Vater, segne uns und begleite uns auf all unseren Wegen. Er halte seine schützende Hand über uns und bewahre uns vor allem Unheil. Er öffne unser Herz für die Menschen, die Hilfe brauchen. Er helfe uns, damit unsere Hände Gutes tun. Er behüte die Menschen, die uns nahe sind und führe sie auf dem Weg durch ihr Leben. Das gewähre uns der dreieinige Gott, der Vater und der Sohn und der Heilige Geist. Amen.

Wo dein Schatz ist, ist dein Herz

Matthäus 6,19–21

- *Material: Herz, Spiegel, Schatzkiste (oder zugedeckter Korb)*

Lied: Herr, dir ist nichts verborgen (GL 428)

V: Im Namen des Vaters ...

Gebet

V: Guter Gott, du bist ein Freund der Menschen. Du begleitest uns auf unseren Wegen. Du führst uns, damit wir ans Ziel gelangen. Hilf uns, die Schätze zu entdecken und zu pflegen, die auf unserem Lebensweg liegen. Lass uns achtsam sein mit uns und allem, was uns begegnet, damit wir die richtigen Schritte gehen und uns nicht verirren auf dem Weg zu dir. Amen.

Lied: Gott liebt diese Welt (GL 464)

Hinführung zur Schriftlesung (*Schatzkiste*)

Die verschlossene Schatzkiste wird gezeigt (es kann auch ein Korb sein, der zugedeckt ist).

V: So eine Kiste weckt die Neugier, was wohl darin sein könnte. Es ist auf jeden Fall etwas Wertvolles, das man nicht jedem zeigen und das man schützen will. Weil so ein Schatz wertvoll ist, möchten wir ihn nicht verlieren und deshalb sicher aufbewahren wie hier in dieser Kiste.

Die Schatzkiste wird in der Mitte abgestellt.

V: Was würde denn Ihre Schatzkiste enthalten?

Die Mitfeiernden können sich äußern.

V: Ganz unterschiedliche Dinge können ein Schatz sein; manche sind materiell gar nicht wertvoll und für einen Menschen trotzdem kostbar. Viele Schätze wie eine Liebe, Freundschaften oder eine unerwartete Hilfe sind gar nicht sichtbar. Gerade von solchen Schätzen kann man gar nicht genug haben. Sie sind in unserer Erinnerung verwahrt und leuchten auch dann noch, wenn wir dunkle Stunden durchleben müssen.

Hl. Schrift: Matthäus 6,19–21
L: Aus dem heiligen Evangelium nach Matthäus:
Sammelt euch nicht Schätze hier auf der Erde, wo Motte und Wurm sie zerstören und wo Diebe einbrechen und sie stehlen, sondern sammelt euch Schätze im Himmel, wo weder Motte noch Wurm sie zerstören und keine Diebe einbrechen und sie stehlen! Denn wo dein Schatz ist, da ist auch dein Herz.

Veranschaulichung und Deutung

V: Die Ereignisse, die uns im Lauf der Jahre widerfahren, hinterlassen ihre Spuren. Aber wir wissen um die Vergänglichkeit aller Dinge und um die Veränderlichkeit des Lebens. Sie mussten schon vieles aufgeben und zurücklassen: Tätigkeiten, Orte, auch Menschen. Manches, was eine Zeit lang wichtig war und vielleicht sogar einen herausgehobenen Platz in unserer Schatzkiste

hatte, verliert im Laufe des Lebens an Wert, weil wir spüren, dass es uns nicht mehr trägt. Es wird gewissermaßen von Motte und Wurm zerstört.
Gleichzeitig sammeln wir jedoch auch Erfahrungen, die uns voranbringen und uns weiterhelfen; je älter wir werden, desto mehr wächst unser Schatz an Erfahrungen. Wo dein Schatz ist, da ist auch dein Herz. Schatz und Herz gehören also zusammen.

Das Herz wird zur Schatzkiste gelegt.

V: Das Herz ist ein Sinnbild für unser Leben. Solange das Herz schlägt, sind wir am Leben und spüren es. Zugleich ist das Herz ein Sinnbild für das Schöne und Gute an unserem Leben. Was unser Leben bereichert, rührt ans Herz und wird dort bewahrt, sodass man mit Recht sagen kann: Die wahren Schätze tragen wir im Herzen. Wir sehen uns einmal einen Schatz an:

Die Mitfeiernden im Herumgehen in die geöffnete Schatzkiste schauen lassen. Alle sehen ihr Gesicht in einem Spiegel.

V: Was Sie in der Schatzkiste gesehen haben, sind Sie selbst. Ihr Gesicht, in das Ihr Leben seine Spuren gezeichnet hat. Denn das gelebte Leben ist der Schatz, den wir immer bei uns haben. Es ist unser Leben, das niemand zerstören oder stehlen kann, weil Gott es für die Ewigkeit im Himmel bestimmt hat. Gott hat uns diesen Schatz anvertraut. Lassen Sie uns achtsam damit umgehen, damit dieser Schatz für uns selbst und andere strahlt.

Wiederholung des Evangeliums: Matthäus 6,19–21

Lied: Nun danket all und bringet Ehr (GL 403)

Fürbitten

L: Herr Jesus Christus, du hast immer dein Herz für die Menschen gezeigt. Darum kommen wir mit unseren Bitten zu dir:

- Schenke uns die Aufmerksamkeit für das, was in unserem Leben gelungen und schön ist.
- Begleite die Menschen, die uns am Herzen liegen, mit deiner Liebe.
- Stärke alle, die in Not sind.
- Wir denken an unsere Verstorbenen (*kurze Stille*). Gib ihnen Frieden und Heimat im Himmel.

Schau mit gnädigem Herzen auf unsere Anliegen. Darum bitten wir im Vertrauen auf deine Güte. Amen.

Vaterunser

Lied: Singt dem Herrn ein neues Lied (GL 409)

Segen

V: Der Herr segne und behüte dich. Er bewahre in deinem Herzen die Erinnerungen an das Gute in deinem Leben und mache dich dankbar dafür. Er gebe dir gute Menschen an die Seite. Er helfe dir, Güte in die Welt zu bringen. Amen.

Lied: Lobe den Herren (GL 392)

Der barmherzige Vater

Lukas 15,11–24

- *Material: Stift, Plakat oder Zettel, Figur, Geldschein, gelbes, schwarzes und rotes Tuch*

Lied: Mein ganzes Herz erhebet dich (GL 143)

V: Im Namen des Vaters …

Einführung

V: Wenn wir uns versammeln, um miteinander zu beten, werden wir nachher auch wieder das Grundgebet des Christentums sprechen: das Vaterunser. In dieser Feier will ich mir mit Ihnen darüber Gedanken machen, welche Vorstellung von seinem Vater uns Jesus vermitteln will. Unser Bild von einem Vater ist sicher davon geprägt, wie unser eigener Vater war. Die Männer unter uns sind zum großen Teil selbst Väter. Lassen Sie uns sammeln, welche guten Erinnerungen an die Väter es gibt. Und: Wie sollte ein Vater sein?

Die Aussagen werden gesammelt und notiert.
Als Fazit dürfte sich ergeben: Ein Vater beschützt, lenkt, sagt: richtig/falsch, ist wohlwollend und fürsorglich. Er ist für seine Kinder/seine Familie da. Dies kann nochmals betont werden.

Lied: Dir Gott im Himmel Preis und Ehr (GL 167)

Gebet

V: Herr, unser Gott, wir dürfen dich Vater nennen, weil du uns geschaffen hast. Du kennst uns und sorgst für uns. Begleite uns an jedem Tag auf unserem Lebensweg. Darum bitten wir dich durch Christus, unseren Herrn.

Hl. Schrift: Lukas 15,11–24

L: Aus dem heiligen Evangelium nach Lukas:

Weiter sagte Jesus: Ein Mann hatte zwei Söhne. Der jüngere von ihnen sagte zu seinem Vater: Vater, gib mir das Erbteil, das mir zusteht! Da teilte der Vater das Vermögen unter sie auf. Nach wenigen Tagen packte der jüngere Sohn alles zusammen und zog in ein fernes Land. Dort führte er ein zügelloses Leben und verschleuderte sein Vermögen. Als er alles durchgebracht hatte, kam eine große Hungersnot über jenes Land und er begann Not zu leiden. Da ging er zu einem Bürger des Landes und drängte sich ihm auf; der schickte ihn aufs Feld zum Schweinehüten. Er hätte gern seinen Hunger mit den Futterschoten gestillt, die die Schweine fraßen; aber niemand gab ihm davon. Da ging er in sich und sagte: Wie viele Tagelöhner meines Vaters haben Brot im Überfluss, ich aber komme hier vor Hunger um. Ich will aufbrechen und zu meinem Vater gehen und zu ihm sagen: Vater, ich habe mich gegen den Himmel und gegen dich versündigt. Ich bin nicht mehr wert, dein Sohn zu sein; mach mich zu einem deiner Tagelöhner! Dann brach er auf und ging zu seinem Vater. Der Vater sah ihn schon von Weitem kommen und er hatte Mitleid mit ihm. Er lief dem Sohn entgegen, fiel ihm um den Hals und küsste ihn. Da sagte der Sohn zu ihm: Vater, ich habe mich gegen den Himmel und gegen dich versündigt; ich bin nicht mehr wert, dein

Sohn zu sein. Der Vater aber sagte zu seinen Knechten: Holt schnell das beste Gewand und zieht es ihm an, steckt einen Ring an seine Hand und gebt ihm Sandalen an die Füße! Bringt das Mastkalb her und schlachtet es; wir wollen essen und fröhlich sein. Denn dieser, mein Sohn, war tot und lebt wieder; er war verloren und ist wiedergefunden worden. Und sie begannen, ein Fest zu feiern.

Veranschaulichung und Deutung

V: Jesus bezeichnet Gott als unseren Vater. In diesem Gleichnis vermittelt er uns, wie Gott ist. Seinen Kindern – also uns – gegenüber verhält er sich so wie der barmherzige Vater gegenüber seinem Sohn, der verloren war, aber wiedergefunden wurde.

Die Figur wird in die Mitte gestellt.

V: Der Vater im Gleichnis hält den Sohn nicht fest. Er darf seinen eigenen Weg gehen, auf seinen eigenen Füßen stehen und seine eigenen Erfahrungen machen. Der Sohn kann Spaß haben und sein Leben genießen.

Die Figur wird von der Mitte an den Rand gestellt. Zur Figur wird ein gelbes Tuch und darauf ein Geldschein gelegt.

V: Die Distanzierung vom Vater geschieht erst, als der junge Mann das Erbe verschleudert, das er vom Vater erhalten hatte. Denn jetzt handelt er nicht mehr im Sinne des Vaters. Deshalb ist dieses Vergnügen auch nicht dauerhaft. Wenn ein Mensch sich von Gott entfernt, ist er ohne Halt. Jesus zufolge gerät er in eine

Not. Sein Leben gelingt nicht; er gerät buchstäblich auf die schiefe Bahn. Jesus greift damit Erfahrungen und Aussagen auf, die aus dem Alten Testament bekannt sind.

Ein schwarzes Tuch wird in die Mitte zur Figur gelegt.

V: So ergeht es dem Sohn. Heute würde man sagen: Er fällt in eine Depression, weil ihn eine Leere belastet und Trauer ausfüllt. Er empfindet sein Dasein als sinnlos. Die Wende kommt, als er sich seinen Fehler eingesteht und beschließt, zum Vater zurückzukehren. Der Vater blieb seinem Sohn immer verbunden. Deswegen hält er Ausschau nach ihm und nimmt ihn freudig auf, als er zurückkehrt.

Die Figur wird wieder in die Mitte zurückgestellt.

V: Ein großes Fest wird gefeiert. Und mit diesem Fest und der feierlichen Einkleidung dazu beginnt für den Sohn ein neues, ein besseres Leben. Denn jetzt findet er die Liebe wieder, die er vermisst hat, und jetzt weiß er sie auch zu schätzen.

Ein rotes Tuch wird in die Mitte zur Figur gelegt.

V: Wer sündigt und sich somit von Gott entfernt, wird wieder zu einem erfüllten Leben kommen, wenn er sich besinnt und zu Gott zurückkehrt. Gott gibt keinen Menschen verloren. Er ist bereit, jeden mit offenen Armen zu empfangen, der sich ihm zuwendet – das ist die tröstliche Botschaft, die Jesus uns mit dieser Geschichte geben will.

Lied: Vater im Himmel, höre unser Klagen (GL 504)

Fürbitten

L: Guter Gott, wir dürfen dich Vater nennen und unsere Anliegen zu dir bringen:

- Lass alle Väter ihrer Verantwortung gewachsen sein.
- Gib allen Eltern Kraft und Geduld.
- Stärke in den Familien die Liebe und die Bereitschaft zu verzeihen.
- Beschütze alle Menschen, die uns am Herzen liegen.
- Schenke unseren verstorbenen Familienangehörigen und Freunden die Vollendung bei dir.
- In Stille bringen wir die Anliegen zum Vater im Himmel, die wir auf dem Herzen haben.

Kurze Stille

Gott, unser Vater, du bist in unserer Mitte, wenn wir in deinem Namen versammelt sind. Darum kommen wir mit unseren Bitten zu dir. Dir sei Dank in Ewigkeit.

Lied: Dank sei dir, Vater (GL 484)

Vaterunser

Segen

V: Gott, barmherziger Vater, gib uns den Mut, unsere eigenen Wege zu gehen. Gib uns den Mut, unsere Fehler einzugestehen. Gib uns den Mut, uns zu dir zu wenden, wenn wir nicht mehr weiterwissen. Gott, unser Vater, segne uns mit deiner Barmherzigkeit und deiner Liebe. Amen.

Geheiligt werde dein Name

Matthäus 6,9

- *Material: Seil, Alltagsgegenstände (z.B. Arbeitshandschuhe, Kochlöffel, Uhr, Ball, Stift o.Ä.)*

Lied: Wo zwei oder drei (GL 838)
oder Preis und Ehre Gott dem Herren (GL 171)

V: Im Namen des Vaters ...

Einführung

V: Wir sind versammelt, um gemeinsam zu beten. Dabei werden wir auch heute wieder das Grundgebet des Christentums sprechen, das Vaterunser. Heute möchte ich einen Satz bedenken, den wir in diesem Gebet regelmäßig sprechen: Geheiligt werde dein Name.
Was ist »geheiligt«? Im Laufe des Lebens hatten – und haben wir wahrscheinlich auch heute noch – Dinge, die uns heilig sind. Sie sind etwas Besonderes, weil sie einen besonderen Wert haben. Dadurch heben sie sich von anderen Dingen ab. Die waren vielleicht sogar viel teurer, haben jedoch keinen so hohen ideellen Wert. Im Wort »heilig« steckt das Wort »Heil«. Das Heil-ige sorgt dafür, dass es dem Menschen gut geht.

Schuldbekenntnis

V: Wir Menschen verstoßen immer wieder gegen das, was uns guttut. Wir verhindern, dass wir selbst heil sind und in geheiligten Zuständen leben können. Deshalb bitten wir Gott um Vergebung und bekennen unser Schuldigwerden. – Ich bekenne, Gott …

Lied: Meine engen Grenzen (GL 437)

Gebet

V: Heiliger Gott, du bist uns nicht fern. Du willst für uns das Gute. Lenke unsere Schritte auf Wege, die dir gefallen und uns guttun. Amen.

Hl. Schrift: Matthäus 6,9
L: Aus dem heiligen Evangelium nach Matthäus:
So sollt ihr beten: Unser Vater im Himmel, geheiligt werde dein Name.

Veranschaulichung und Deutung

Mit einem Seil wird ein Bereich um die Mitte mit Kerze und Kreuz abgegrenzt.

V: Das Kreuz und die Kerze versinnbildlichen, dass Gott in unserer Mitte anwesend ist. Mit diesem Seil habe ich den Raum um Kreuz und Kerze vom Rest abgeschieden. In jeder Religion kennt man Bereiche, die Gott oder der Religion vorbehalten sind. Außerhalb davon befindet sich der weltliche Bereich, der Alltag. Im Alltag gehen wir der Arbeit nach, regeln den Haushalt, kümmern uns um Freizeit und Hobbies.

Die Alltagsgegenstände werden außerhalb des Seils gelegt.

V: Über diesen Bereich seines Lebens kann der Mensch verfügen. Er kann ihn nach seinen Fähigkeiten und Bedürfnissen gestalten. Dazu hat er die Macht; im Großen und Ganzen kann er machen, was er will, sofern er nicht andere gefährdet oder Böses tut.
Gott ist zwar in der Welt, aber er geht nicht in der Welt auf. Wenn wir beten »Vater im Himmel, geheiligt werde dein Name«, betreten wir deshalb in Gedanken einen anderen Bereich. Er ist im Innern des Seils mit Kerze und Kreuz angedeutet. Es ist der religiöse Bereich, in dem sich das Heilige befindet. Das Heilige in diesem religiösen Sinn ist dem Menschen vorgegeben. Er kann nicht darüber verfügen. Er darf sich daran auch nicht vergreifen. Der Mensch muss dem Heiligen Achtung entgegenbringen, weil es zum göttlichen Bereich gehört. Es steht über ihm.
Der Name bezeichnet immer eine Person in ihrem ganzen Wesen. Dass Jesus im Vaterunser den Namen des Vaters geheiligt sein lässt, bedeutet, dass der Vater im Himmel unserem Willen und unserem Einfluss entzogen ist. Gott ist eben der Heilige, der über der Welt und den Menschen steht und deshalb geachtet werden muss. Aber er ist auch derjenige, von dem Heil und Segen zu den Menschen fließen.

Lied: Heilig ist Gott in Herrlichkeit (GL 199)

Fürbitten

L: Lasst uns beten zu Christus unserem Herrn. Er hat das Wesen der Menschen angenommen und das Heil gebracht.

- Fördere bei den Menschen den Respekt gegenüber den Religionen.

- Stärke alle, die sich in ihrem Leben nach dir ausrichten wollen.
- Hilf den Menschen, zu entdecken, was ihr Leben besonders macht.
- Hilf all jenen, umzukehren, die den Glauben für unheilige Zwecke missbrauchen.

Heiliger Gott, durch den Glauben machst du unser Leben hell. Wende dich uns zu und erhöre unsere Bitten durch Christus, unseren Herrn. Amen.

Lied: Dein Lob, Herr ruft der Himmel aus (GL 375)

Vaterunser

Gebet

V: Barmherziger Vater, du hast uns ins Leben gerufen.
Du hast uns deinen Sohn gesandt, damit wir den Weg zu dir erkennen.
Erleuchte unsere Welt, wo sie im Dunkeln verharrt.
Sei bei uns an jedem Tag, den wir leben, und führe uns zum Heil.
Darum bitten wir durch Christus, unseren Herrn. Amen.

Segen

V: Der Segen des allmächtigen Vaters sei mit uns
und allen, die uns nahe sind.
Er bewahre in uns die Achtung vor ihm
und schenke uns Zeichen seiner Gegenwart. Amen.

Dein Reich komme

Lukas 4,16–21

- *Material: Figur, kleine Sterne, dunkle Wolken (die beschriftet sein können mit Armut, Unfreiheit, Blindheit, Leid, Schmerz, Trauer), ein kleines Netz (z. B. von Orangen)*

Lied: Singt dem Herrn ein neues Lied (GL 409)

V: Im Namen des Vaters ...

Einführung

V: »Dein Reich komme« – wenn wir das Vaterunser beten, sprechen wir diese Bitte aus. Das ganze Wirken Jesu war darauf ausgerichtet, den Menschen das Reich Gottes zu verkünden. In seinen Handlungen und seinen Reden veranschaulichte er, was unter dem Reich Gottes zu verstehen ist. Zugleich konnten die Menschen es durch Jesus bereits erleben, weil es in seinem Wirken schon sichtbar war. Denn für Jesus war das Reich Gottes kein zukünftiger Ort. Es ist dort verwirklicht, wo Gott die Herrschaft hat und die Menschen sich ihm unterordnen. Endgültig anbrechen wird das Reich Gottes am Ende der Zeiten, wenn Gott seine Herrschaft durchsetzen wird. Dann wird es kein Leid, kein Unrecht und auch keinen Tod mehr geben. Eine Vorstellung davon vermittelt die Bibelstelle, die ich dieses Mal mit Ihnen bedenken möchte.

Kyrie

L: Herr Jesus Christus, du willst uns in das Reich des Vaters führen – Herr, erbarme dich.
Du weißt um die Nöte und die Lasten, die wir ertragen müssen – Christus, erbarme dich.
Du öffnest unsere Sinne für deine Botschaft – Herr, erbarme dich.

Gebet

V: Allmächtiger Gott, dein Sohn hat uns die Frohe Botschaft vom Reich Gottes gebracht. Hilf uns, diese Botschaft unter den Menschen zu verbreiten und glaubwürdige Zeugen dafür zu sein. Darum bitten wir durch ihn, Jesus Christus. Amen.

Lied: Gelobt seist du, Herr Jesu Christ (GL 375)

Veranschaulichung

V: Wir hören im Evangelium gleich, wie Jesus in seine Heimat Nazaret kommt und dort beim Gottesdienst auftritt. Er trifft dort auf Menschen, von denen ihn manche von Kindheit an kennen – ganz normale Menschen, wie es viele auf der Welt gab und gibt. Betrachten wir einen dieser Zuhörer etwas näher.

Die Figur wird in die Mitte gestellt.

V: Dieser Mensch ist nicht mehr ganz jung. Es ist eben ein Mensch wie Sie und ich. Er hat schon einiges erlebt. Da waren sicher viele schöne Tage dabei – Sternstunden, in denen er sein Leben genießen konnte.

Sterne werden zur Figur gelegt.

V: Aber wie bei jedem Menschen verlief auch bei ihm nicht immer alles glatt. Immer wieder einmal wurde er von Krankheiten geplagt. Einiges von dem, was er sich im Leben erträumt und vorgenommen hatte, ließ sich nicht verwirklichen. Er machte Fehler und wurde anderen Menschen gegenüber schuldig. Andere wiederum versündigten sich an ihm, und da fiel ihm das Verzeihen schwer. Er ist so alt, dass schon etliche Menschen gestorben sind, die ihm lieb waren. Er bringt also auch einige dunkle Erinnerungen in die Synagoge mit. Diese dunklen Wolken in seinem Leben legen sich oft über die Sternstunden.

Die dunklen Wolken werden über die Sterne gelegt.

V: Bei alledem lebt er sein Leben, so gut es geht, und ist damit ganz zufrieden. Dabei ist er aber gefangen in allerhand beruflichen und familiären Verpflichtungen, die man eben hat, wenn man auf dieser Welt lebt.

Ein Netz wird um die Figur gelegt.

V: Er ist kein Heiliger, aber auch kein schlechter Mensch. Eben ein Mensch wie Sie und ich. Und jetzt sitzt dieser Mensch in der Synagoge und hört Jesus reden – so wie wir jetzt Jesus reden hören.

Hl. Schrift: Lukas 4,16–21

L: Aus dem heiligen Evangelium nach Lukas:

So kam Jesus auch nach Nazaret, wo er aufgewachsen war, und ging, wie gewohnt, am Sabbat in die Synagoge. Als er aufstand, um vorzulesen, reichte man ihm die Buchrolle des Propheten Jesaja. Er öffnete sie und fand die Stelle, wo geschrieben steht: Der Geist des Herrn ruht auf mir; denn er hat mich gesalbt. Er hat mich gesandt, damit ich den Armen eine frohe Botschaft bringe; damit ich den Gefangenen die Entlassung verkünde und den Blinden das Augenlicht; damit ich die Zerschlagenen in Freiheit setze und ein Gnadenjahr des Herrn ausrufe. Dann schloss er die Buchrolle, gab sie dem Synagogendiener und setzte sich. Die Augen aller in der Synagoge waren auf ihn gerichtet. Da begann er, ihnen darzulegen: Heute hat sich das Schriftwort, das ihr eben gehört habt, erfüllt.

Deutung

V: Jesus sagt, dass das Reich Gottes gekommen ist. Was die Propheten verkündet haben, ist mit Jesus in die Welt gekommen. Dieser Mann hört das. Es geht um die Armen, die Gefangenen, die Blinden, die Zerschlagenen – kurzum: Es geht um Menschen, die kaum Sternstunden erleben, weil ihr Leben von dunklen Wolken umhüllt ist. Aber was bedeutet das, was Jesus sagt?

Bislang meinte er wie viele andere, ein religiöses Leben bestehe darin, sich an die Gebote zu halten und dann ins Reich Gottes zu kommen. Wer arm war oder krank und wem es schlecht ging, war selber schuld. Er hatte halt etwas falsch gemacht und wurde von Gott dafür bestraft. Jetzt hört dieser Mann: Das Reich Gottes kommt zu ihm. Er versteht, dass Gott nicht nur etwas von ihm erwartet. Die Armen, die Geplagten dürfen auch etwas von Gott erwarten. Sie sind nicht bestraft. Vielmehr gilt gerade ihnen Gottes Sympathie. Der Mann spürt, wie er befreit atmen und mit neuer Zuversicht auf sein Leben blicken kann.

Die dunklen Wolken und das Netz werden vom Mann entfernt.

V: Der Begriff »Reich Gottes« steht dafür, dass von den Menschen diese dunklen Wolken weggenommen werden. Sie werden befreit von allem, was sie daran hindert, ihr Leben zu entfalten. Die Gnade Gottes ermöglicht den Menschen, ihr Leben ohne Lasten neu anzufangen. Dies ist gemeint, wenn Jesus vom Reicht Gottes spricht und wenn er es mit seinen Taten zeigt.

Lied: Herr, du bist mein Leben (GL 456, 1. und 2. Strophe)

Wiederholung des Evangeliums: Lukas 4,16–21

Lied: Herr, du bist mein Leben (GL 456, 3. und 4. Strophe)

Fürbitten

L: Herr Jesus Christus, du weißt, unter welchen Lasten die Menschen leiden. Wir beten voller Vertrauen zu dir.

- Fördere bei den Reichen die Bereitschaft, die Güter dieser Erde zu teilen.
- Schenke allen Kranken Geduld und begleite sie auf dem Weg zur Genesung.
- Gib allen, die unter ihren Lebensumständen leiden, Hoffnung und lass sie spüren, dass du ihnen nahe bist.

- Gib allen Menschen Kraft und Mut, falsche Lebenswege zu verlassen und neu zu beginnen.

Herr, schenke uns Zeichen deiner Gegenwart und lass dein Reich zu uns kommen.

Vaterunser

Gebet

V: Allmächtiger Gott, du bist mit dem Leben der Menschen vertraut.
Befreie uns von allem, was uns belastet und von dir trennt.
Hilf, dass wir in dein Reich gelangen.
Darum bitten wir durch Christus, unseren Herrn.

Schlusslied: Großer Gott, wir loben dich (GL 380, 1., 6. und 7. Strophe)

Dein Wille geschehe wie im Himmel so auf Erden

Philipperbrief 2,5–11

- *Material: Blaues und grünes Tuch, ein rotes Band, ein Kreuz*

Lied: Wo Menschen sich vergessen (GL 836)
oder: Komm her, freu dich mit uns (GL 148)

V: Im Namen des Vaters ...

Einführung

V: In jeder Kirche, bei jedem Gottesdienst und noch in vielen Häusern findet sich zentral und gut sichtbar für alle ein Kreuz. Auch in vielen öffentlichen Gebäuden hängt noch eines – so auffällig platziert, dass sich viele Menschen daran stören. Sie können nichts damit anfangen und fordern, die Kreuze zu entfernen. Das Kreuz ist ja nichts Schönes oder Gutes. Es steht für Qualen, Leid und Schmerzen. Es ist das Symbol für alles Übel, was einem Menschen widerfährt. Warum wird in der Kirche das Kreuz so geschätzt und als Zeichen der Erlösung verehrt? Über diese Frage möchte ich mit Ihnen heute nachdenken.

Lied: Kreuz, auf das ich schaue (GL 270)

Gebet

V: Allmächtiger Gott, dein Sohn ist auf die Erde gekommen, um deinen Willen zu erfüllen. Er hat den Tod am Kreuz erlitten. Du aber hast ihn auferweckt und das Kreuz somit zum Zeichen unserer Erlösung von Sünde und Tod gemacht. Gib, dass wir deinen Willen erkennen und ihm folgen. Darum bitten wir durch Jesus Christus.

Hl. Schrift: Philipperbrief 2,5–11

L: Lesung aus dem Brief an die Gemeinde in Philippi:
Seid untereinander so gesinnt, wie es dem Leben in Christus Jesus entspricht: Er war Gott gleich, hielt aber nicht daran fest, Gott gleich zu sein, sondern er entäußerte sich und wurde wie ein Sklave und den Menschen gleich. Sein Leben war das eines Menschen; er erniedrigte sich und war gehorsam bis zum Tod, bis zum Tod am Kreuz. Darum hat ihn Gott über alle erhöht und ihm den Namen verliehen, der größer ist als alle Namen, damit alle im Himmel, auf der Erde und unter der Erde ihr Knie beugen vor dem Namen Jesu und jeder Mund bekennt: Jesus Christus ist der Herr zur Ehre Gottes, des Vaters.

Veranschaulichung und Deutung

V: Der Apostel Paulus schildert in diesem Abschnitt Gegensätze. Auf der einen Seite Gott, auf der anderen ein Sklave; auf der einen Seite erniedrigt, auf der anderen erhöht. Auf der einen Seite der Bereich Gottes und des Himmels, auf der anderen Seite der Bereich der Menschen und der Erde.

Es werden ein blaues Tuch für den Himmel und ein grünes für die Erde mit etwas Abstand in die Mitte gelegt.

V: Da passt eigentlich nichts zusammen. Zwischen diesen Bereichen ist ein tiefer Graben. Aber in Jesus Christus werden diese Gegensätze zusammengefügt. Er stellt eine Verbindung her.

Mit einem roten Band werden die beiden Tücher verbunden.

V: Indem Jesus gehorsam den Willes des Vaters im Himmel erfüllt, verbindet er beide Bereiche. Er öffnet uns den Zugang zum Himmel. Auch das Kreuz bekommt eine neue Bedeutung. Ursprünglich ist das Kreuz das Symbol für alles, wovor der Mensch die Augen verschließen will. Er will es umgehen oder möglichst sogar davor flüchten.

Es können Aussagen gesammelt werden, was für Erlebnisse das bei den Anwesenden waren bzw. sind.

V: Das Leiden an sich selbst, an den anderen und an den Zuständen auf der Welt gehört zum Dasein auf dieser Erde. In der Person Jesu nimmt Gott das Leben der Menschen an – nicht nur mit den schönen Seiten. Er geht auch ins Leid. Er wird Mensch mit allem, was zum Menschsein gehört. Indem er das Leid, das Kreuz freiwillig auf sich nimmt, zeigt sich, dass Gott nicht abgehoben ist, nicht fern von den Menschen. Er ist ihnen nah und gibt diesem Leben Würde, selbst dann, wenn es voller Leid ist.

Das Kreuz wird auf das Band gestellt bzw. gelegt.

V: Daher ist das Kreuz auf der einen Seite ein Symbol für alles Leid, auf der anderen Seite für uns Christen aber auch ein Symbol für die Liebe Gottes zu den Menschen. Es ist eine Liebe, die den Abgrund zwischen Himmel und Erde überwindet. Diese Liebe ist so groß, dass sie auf die Menschen ausstrahlt. Im Kreuz, das Jesus auf sich nimmt, verbinden sich Gottes- und Nächstenliebe. Deshalb hat das Kreuz im Christentum die Bedeutung als Zeichen des Heils. Es macht deutlich, dass Gott uns nicht im Stich lässt.

Gott und Mensch, Leiden am Kreuz und Liebe, Himmel und Erde – in Jesus Christus wird das eins. Er macht den Willen des Vaters bei uns auf der Erde sichtbar: sich in den Dienst der Liebe zu stellen. Deshalb dürfen auch wir alle uns trotz unserer Fehler und Gebrechen in der Liebe Gottes aufgehoben fühlen und daran glauben, dass wir von der Erde in den Himmel übergehen werden.

Lied: Wir danken dir, Herr Jesu Christ (GL 297)

Wiederholung der Lesung: Philipperbrief 2,5–11

Fürbitten

L: Zu Jesus Christus, der gehorsam war bis zum Tod am Kreuz, beten wir:

- Gib allen Menschen die Kraft, ihr Kreuz zu tragen.
- Tröste die Kranken.
- Stärke alle, die um ihre Rechte betrogen werden.
- Vergelte den Verstorbenen das Gute, das sie getan haben.

Herr Jesus Christus, wir loben dich, weil du unser Erlöser bist. Dir sei Dank in alle Ewigkeit.

Vaterunser

Lied: Herr, deine Güt ist unbegrenzt (GL 427)

Segen

V: Der Herr segne und behüte uns.
Er gebe uns Kraft und Geduld im Leiden.
Er stärke uns im Glauben, in der Hoffnung und in der Liebe.
Er lasse sein Angesicht über uns leuchten
und schenke uns seinen Frieden. Amen.

Lied: Von guten Mächten (GL 430)

Unser tägliches Brot gib uns heute

Matthäus 6,11 (mit Brotausteilung)

- *Material: Zettel, Stift, Brot, Körner, Mehl*

Lied: Dank sei dir, Vater (GL 484)

V: Wir sind zusammengekommen und unsere Gemeinschaft hat eine Mitte. Die Kerze und das Kreuz sind Zeichen dafür, dass Gott anwesend ist, wenn wir jetzt feiern. Deshalb beginnen wir im Namen des dreifaltigen Gottes: im Namen des Vaters ...

Kyrie

L: Am Beginn bringen wir alles, was uns belastet vor Gott und geben es in seine Hände.
Herr, wir erleben immer wieder, dass wir bedürftig und auf die Hilfe anderer angewiesen sind. – Herr, erbarme dich.
Herr, wir scheitern immer wieder in unserem Bemühen, alles richtig zu machen. – Christus, erbarme dich.
Herr, wir sehen Schlimmes in der Welt und haben oft Angst vor der Zukunft. – Herr, erbarme dich.

Einführung

V: In dieser Feier will ich mit Ihnen darüber nachdenken, was wir täglich brauchen. Ich meine damit Dinge, die wirklich notwendig sind.

Die Äußerungen werden gesammelt und auf Zetteln um Kerze und Kreuz gelegt (z. B. Essen, Trinken, Zuwendung, Kleidung, sinnvolle Beschäftigung, Gemeinschaft ...)

V: Daneben gibt es noch vieles, was das Leben schön macht. Aber auf den Notizen hier sehen wir das Lebens-Not-Wendige – es wendet die Not im Leben ab.

Lied: Ach bleib mit deiner Gnade (GL 436)

Hl. Schrift: Matthäus 6,11
L: Aus dem heiligen Evangelium nach Matthäus:
Gib uns heute das Brot, das wir brauchen!

Veranschaulichung und Deutung

Ein Laib Brot wird gezeigt und in die Mitte gelegt.

V: Nachdem es im Vaterunser zunächst um Gott geht: seinen Namen, sein Reich, seinen Willen, folgt die Bitte um das tägliche Brot. Jesus nennt Brot als das, was der Mensch am dringendsten braucht. Deshalb bittet er als Erstes darum. Es ist das Sinnbild für die Nahrung. Das Brot steht als Symbol für das, wovon der Mensch lebt. Es ist das Not-Wendige, also das, was tatsächlich die Not wendet. Alle Menschen, die schon einmal Hunger gelitten haben, können das verstehen. Auch in unserer Kultur ist es bis heute so: Brot isst man immer – andere Speisen brauchen Abwechslung. Ein Leben ohne Brot – sogar für uns, die wir heute im Überfluss leben, ist das unvorstellbar.

Verschiedene Sorten Brot sind für uns heute so selbstverständlich, dass uns gar nicht bewusst ist, wie viel Mühe dahintersteckt, bis so ein Laib Brot entsteht. Viele Menschen müssen zusammenarbeiten und viele Umstände müssen zusammentreffen, damit man so einen Laib Brot in der Hand halten kann.

Eine Schale mit Saatkörnern wird in die Mitte gestellt.

V: Es fängt schon mit dem Saatkorn an, das ausgesät werden muss. Zuvor muss der Bauer schon den Acker vorbereitet haben, damit die Saat überhaupt aufgehen kann. Dann braucht es Zeit, damit das Korn wächst. Der Bauer muss die Saat auch pflegen und vor Unkraut und Schädlingen schützen, damit das Korn sich entwickelt. Auch die Umstände müssen passen. Zu viel Regen oder zu wenig, Stürme, Hagel, Gewitter – viele Ereignisse, die der Mensch nicht steuern kann, können die Ernte vernichten. Aber nach der Ernte geht es ja noch weiter. Jetzt muss das Korn zur Mühle gebracht und gemahlen werden.

Eine Schale Mehl wird in die Mitte gestellt.

V: Erst mit dem Mehl kann jemand einen Teig formen und Brot backen. Der fertige Laib Brot steht am Ende eines langen Weges und einer langen Zeit. Viele Menschen sind daran beteiligt, bis er heute in unsere Hände kommt. Deswegen ist Brot auch ein Symbol für die Gemeinschaft, die zusammenhelfen und zusammenarbeiten muss – einer allein schafft es heutzutage nicht, einen Laib Brot vom ersten Schritt der Aussaat bis zum letzten des Ba-

ckens herzustellen. Um leben zu können, ist es notwendig, dass andere ihre Aufgabe erfüllen.
Die Bitte im Vaterunser um das tägliche Brot ist daher im übertragenen Sinn auch die Bitte darum, dass wir all das haben: das Nötigste, die Gemeinschaft von Menschen, die uns wohlgesonnen sind, gute Pflege und die Zeit zum Reifen. Damit am Ende unseres Lebens auch die Ernte und das fertige Ergebnis steht – dass aus unserem Leben etwas Gutes geworden ist und dass es Frucht gebracht hat.

Lied: Wenn das Brot, das wir teilen (GL 470)

Fürbitten

L: Barmherziger Gott, du sorgst in deiner Güte für die Menschen. Voller Vertrauen bringen wir daher unsere Bitten zu dir.

- Lass uns im täglichen Leben Gemeinschaft und Geborgenheit erleben.
- Gib den Menschen, die hier im Haus für die Kranken arbeiten, Kraft und Geduld.
- Nimm dich der Menschen an, denen das Lebensnotwendige fehlt.
- Gib denen, die nur an sich selber denken, ein offenes Herz und die Bereitschaft zum Teilen.
- Gib denen Unterstützung, die sich um eine gerechte Verteilung des Wohlstandes kümmern.
- In einer kurzen Stille bringen wir unsere persönlichen Anliegen zu dir.

(Stille)

Herr, der Glaube an dich gibt uns Hoffnung und Zuversicht. Lass uns nicht verzweifeln, wenn uns etwas fehlt, sondern erfülle uns mit deinem Geist. Darum bitten wir durch Christus, unseren Herrn. Amen.

Vaterunser

Segnung und Teilen des Brotes

V: Vieles, was wir zum Leben brauchen und was unser Leben schön macht, bekommen wir geschenkt. Daran sollten wir uns erinnern, wenn wir dieses Brot teilen. Bevor wir es miteinander teilen, bitten wir um den Segen:
Guter, allmächtiger Gott, segne dieses Brot, damit es uns mit dir und untereinander verbindet. Segne unsere Gemeinschaft. Segne die Menschen, die Anteil nehmen an unserem Leben. Segne unser Leben selbst: Du weißt, wie viel Arbeit und Mühe in den Jahren unseres Lebens steckt. So bitten wir dich: Segne dieses Brot im Namen des Vaters und des Sohnes und des Heiligen Geistes. Amen.

Das Brot wird in kleinen Stücken zum Verzehr ausgeteilt.

Gebet

V: Gütiger Gott,
aus deinen Händen empfangen wir, was wir zum Leben brauchen.
Lass uns dankbar sein für alles, was uns an Gutem widerfährt.
Schenke uns die Sonne, die uns wärmt,
den Wind, der uns voranbringt,

den Regen, der uns erfrischt
die Gemeinschaft, die uns trägt.
Stärke uns, damit wir allem Übel widerstehen können. Amen.

Lied: Großer Gott, wir loben dich (GL 380, 1.–3. Strophe)

Schuld und Vergebung

Johannes 8,2–11

- *Material: Figur, ein größerer Stein, kleine Steine, dunkle Tücher*

Lied: Gott ruft sein Volk zusammen (GL 477)

V: Im Namen des Vaters …

Einführung

V: »Vergib uns unsere Schuld, wie auch wir vergeben unsern Schuldigern« – regelmäßig beten wir im Vaterunser diesen Satz. Die Bitten des Vaterunsers thematisieren zentrale Erfahrungen, die jeder Mensch macht. Die Sorge um das tägliche Brot, also das Auskommen; die Sorge um die Erlösung vom Bösen, also letztendlich das ewige Heil; und eben die Sorge um die Vergebung der Schuld. Und diese Schuld hat zwei Seiten. Zum einen sind wir Täter, weil wir an anderen schuldig werden. Zum anderen sind wir aber auch Opfer, weil andere sich an uns versündigen. Dann müssen wir mit der Schuld der anderen umgehen. Was Jesus uns zum Thema Schuld zu sagen hat, möchte ich mit Ihnen anhand der Geschichte der Ehebrecherin bedenken.

Kyrie

L: Herr Jesus Christus, du wendest dich den Sündern zu –
Herr, erbarme dich.
Du schenkst uns die Vergebung unserer Sünden –
Christus, erbarme dich.

Du öffnest uns den Weg zu neuem Leben –
Herr, erbarme dich.

Gebet

V: Gütiger Gott, in Jesus Christus hast du uns den Weg zum ewigen Leben vorgegeben. Gib uns die Kraft, ihm zu folgen. Darum bitten dich durch Christus.

Lied: Wie schön leuchtet der Morgenstern (GL 357, 1. und 3. Strophe)

Hl. Schrift: Johannes 8,2–11

L: Aus dem heiligen Evangelium nach Johannes:
Am frühen Morgen begab Jesus sich wieder in den Tempel. Alles Volk kam zu ihm. Er setzte sich und lehrte es. Da brachten die Schriftgelehrten und die Pharisäer eine Frau, die beim Ehebruch ertappt worden war. Sie stellten sie in die Mitte und sagten zu ihm: Meister, diese Frau wurde beim Ehebruch auf frischer Tat ertappt. Mose hat uns im Gesetz vorgeschrieben, solche Frauen zu steinigen. Was sagst du? Mit diesen Worten wollten sie ihn auf die Probe stellen, um einen Grund zu haben, ihn anzuklagen. Jesus aber bückte sich und schrieb mit dem Finger auf die Erde. Als sie hartnäckig weiterfragten, richtete er sich auf und sagte zu ihnen: Wer von euch ohne Sünde ist, werfe als Erster einen Stein auf sie. Und er bückte sich wieder und schrieb auf die Erde. Als sie das gehört hatten, ging einer nach dem anderen fort, zuerst die Ältesten. Jesus blieb allein zurück mit der Frau, die noch in der Mitte stand. Er richtete sich auf und sagte zu ihr: Frau, wo sind sie geblieben? Hat dich keiner verurteilt? Sie antwortete:

Keiner, Herr. Da sagte Jesus zu ihr: Auch ich verurteile dich nicht. Geh und sündige von jetzt an nicht mehr!

Veranschaulichung und Deutung

Die Figur wird in die Mitte gestellt.

V: Wir sehen eine Frau, die in die Mitte gestellt wird. Man muss es sich in Wirklichkeit aber so vorstellen, dass sie dorthin gezerrt, geschubst, gestoßen worden ist. Und jetzt wird sie der Menge noch als Sünderin zur Schau gestellt. Für diese Frau geht es um Leben oder Tod. Wobei: Eigentlich ist die Sache sowieso schon entschieden. Das Gesetz schreibt vor, dass eine Ehebrecherin durch die Steinigung hingerichtet wird.

Ein größerer Stein als Symbol für die Schuld wird zur Frau gelegt.

V: Für die Leute ist diese Frau so schwer mit Schuld beladen, dass ein Weiterleben mit ihr nicht mehr möglich ist. Jetzt steht sie da, umringt von einer feindlichen Menge, die sie gleich umbringen will.

Mit dunklen Tüchern wird ein Kreis um die Figur gebildet. Darauf werden einige kleine Steine gelegt.

V: Für die Frau gibt es kein Entrinnen mehr. Die Sache ist klar. Aus dieser Lage kommt sie nicht mehr heraus. Für ihre Ankläger hat sie nur noch einen einzigen Zweck zu erfüllen – nämlich Jesus mit in den Abgrund zu reißen. Stellt er sich gegen das Gesetz, hat auch er sein Leben verwirkt. Dann kann man ihn später auch

noch anklagen und ist ihn bald endgültig los. Es geht um Leben und Tod.
Die Menschen haben schon die Steine in der Hand, um die Frau damit zu töten. Aber – ohne dass es ihnen bewusst wäre – trägt jeder von ihnen auch seine eigene Schuld mit sich, die er nicht auf andere abwälzen kann.
Und Jesus? Er beschäftigt sich zunächst gar nicht mit der Frau, sondern mit den Anklägern. »Wer von euch ohne Sünde ist, werfe als Erster einen Stein auf sie« – damit richtet Jesus die Aufmerksamkeit auf die Schuld jedes Einzelnen. Jetzt wendet sich die Geschichte. Ohne Sünde dazustehen – so anmaßend kann keiner sein. Also löst sich die Menge nach und nach auf.

Die dunklen Tücher und die kleinen Steine werden aus der Mitte entfernt.

V: Bei Jesus bleibt die Frau. Und es bleibt auch ihre Sünde. Denn Jesus kehrt diese Sünde nicht unter den Teppich. Er spricht sie an, aber er verurteilt die Sünderin nicht. Er nimmt von der Frau die Last der Vergangenheit und richtet sie auf ein neues Leben aus.

Der Stein wird von der Frau weggenommen.

V: Jesus gibt keinen Freibrief, dass jeder tun kann, was er will. Jesus gibt den Auftrag, ohne Sünde zu leben. Wenn wir im Vaterunser beten »vergib uns unsere Schuld, wie auch wir vergeben unsern Schuldigern«, dann gestehen wir uns ein, dass wir alle Sünder sind. Und weil wir selbst Sünder sind, sollen wir den anderen wegen seiner Schuld nicht zerstören, sondern ihm einen Neuanfang ermöglichen – so wie wir es auch für uns selber wünschen. Wer sich seiner eigenen Schuld bewusst ist, wird nicht mehr so leicht über einen anderen richten und ihn verurteilen.

Wiederholung des Evangeliums: Johannes 8,2–11

Lied: O Jesu Christe, wahres Licht (GL 485)

Fürbitten

L: Herr Jesus Christus, du verurteilst die Sünde, aber nicht den Sünder. Daher bitten wir dich:

- Stärke bei uns die Einsicht, wo wir gesündigt haben, und vergib uns unsere Schuld.
- Gib uns die Bereitschaft, anderen ihre Schuld zu verzeihen.
- Schenke denen, die zu Unrecht verurteilt sind, Trost und lass ihnen Gerechtigkeit widerfahren.
- Lass alle, die Macht über andere haben, gerechte Urteile fällen.
- Bestärke alle Menschen darin, Konflikte friedlich auszutragen.

Barmherziger Gott, du willst nicht den Tod des Sünders, sondern dass er lebt. Bei dir ist Heil und Leben. Dir sei Lob und Ehre in Ewigkeit.

Vaterunser

Gebet

V: Barmherziger Gott, du siehst nicht auf unser Versagen, sondern hilfst uns in jeder Not. Führe uns in diesem Leben auf dem rechten Weg, sodass wir in dein Reich gelangen. Darum bitten wir durch Christus, unseren Herrn. Amen.

Segen

V: Der Herr segne und behüte uns.
Der Herr lasse sein Angesicht über uns leuchten
und sei uns gnädig.
Der Herr wende uns sein Antlitz zu und schenke uns Heil.

Lied: Von guten Mächten (GL 430, 1., 2. und 7. Strophe)

Die Versuchung

Genesis 3,1–8a

- *Material: Tuch für die gestaltete Mitte, Bilder oder Gegenstände, mit denen der Garten Eden dargestellt werden kann (z.B. Pflanzen, Blumen, Früchte, Tiere, Schale mit Wasser), zwei Figuren für Adam und Eva, Gedankenblase »Noch mehr!«, Gedankenblase »Sei wie Gott!«*

Lied: Herr Jesu Christ, dich zu uns wend (GL 147)

V: Im Namen des Vaters ...

Einführung

V: Im Leben widerfährt uns leider immer wieder Böses. Aber wir sind nicht nur Leidtragende, sondern wir geraten selber ja auch in Versuchung, Böses zu tun. »Führe uns nicht in Versuchung, sondern erlöse uns von dem Bösen« – wenn wir diese Bitte im Vaterunser aussprechen, geht es also um wichtige Erfahrungen des menschlichen Lebens. Anregungen zum Nachdenken darüber möchte ich Ihnen in diesem Gottesdienst geben. Dazu begrüße ich Sie herzlich.

Lied: O Herr, nimm unsre Schuld (GL 273)

Gebet

V: Allmächtiger Gott, du hast die Welt erschaffen und den Menschen die Aufgabe übertragen, sie in deinem Sinn zu pflegen und zu erhalten. Gib uns Gnade und Einsicht, das Gute vom Bösen zu unterscheiden und nach deinem Willen zu handeln. Darum bitten wir durch Christus, unseren Herrn. Amen.

Hl. Schrift: Genesis 3,1–8a

L: Lesung aus dem Buch Genesis:

Die Schlange war schlauer als alle Tiere des Feldes, die Gott, der Herr, gemacht hatte. Sie sagte zu der Frau: Hat Gott wirklich gesagt: Ihr dürft von keinem Baum des Gartens essen? Die Frau entgegnete der Schlange: Von den Früchten der Bäume im Garten dürfen wir essen; nur von den Früchten des Baumes, der in der Mitte des Gartens steht, hat Gott gesagt: Davon dürft ihr nicht essen und daran dürft ihr nicht rühren, sonst werdet ihr sterben. Darauf sagte die Schlange zur Frau: Nein, ihr werdet nicht sterben. Gott weiß vielmehr: Sobald ihr davon esst, gehen euch die Augen auf; ihr werdet wie Gott und erkennt Gut und Böse. Da sah die Frau, dass es köstlich wäre, von dem Baum zu essen, dass der Baum eine Augenweide war und begehrenswert war, um klug zu werden. Sie nahm von seinen Früchten und aß; sie gab auch ihrem Mann, der bei ihr war, und auch er aß. Da gingen beiden die Augen auf und sie erkannten, dass sie nackt waren.

Veranschaulichung und Deutung

V: Dieser Abschnitt aus der Heiligen Schrift erzählt von den ersten Menschen, Adam und Eva. Somit erzählt dieser Abschnitt auch, dass die Menschheit von Beginn an der Versuchung ausgesetzt war. Adam und Eva befinden sich im Garten Eden. Damit haben sie den idealen Lebensraum.

Der Garten Eden wird in der Mitte dargestellt. Die beiden Figuren werden dazugestellt.

V: Es ist alles vorhanden, was die Menschen brauchen. Aber sie sind nicht vollkommen zufrieden. Vielleicht gibt es ja noch mehr! Es könnte noch etwas Besseres geben – das ist ein Gedanke, der den Menschen offensichtlich von Anfang an innewohnt.

Die Gedankenblase »Noch mehr!« wird zu den Figuren gelegt.

V: Deshalb sind sie bereit, auf die Versuchung der Schlange einzugehen. Die größte Versuchung für die Menschen ist: Ihr werdet wie Gott! Und wie gern erliegt die Menschheit dieser Versuchung: wie Gott sein – angefangen mit Adam und Eva bis heute.

Die Gedankenblase »Sei wie Gott!« wird zu den Figuren gelegt.

V: Die Motive sind nicht immer schlecht, auch nicht bei Adam und Eva. Sie möchten erkennen, was gut ist und was böse. Sie wollen klug werden. Das ist verlockend. Auch heute lassen sich viele Beispiele dafür finden, wie die Menschen den Fortschritt suchen und dabei Gott spielen. Der Versuchung nachzugeben, kann ja durchaus zu einer Verbesserung der Lebensverhältnisse und zu einem Genuss führen – auch das Essen der Frucht ist ei-

ner. Es ist diesmal aber ein Genuss, der dem Menschen nicht guttut.
Der Fehler besteht aus der Sicht der Heiligen Schrift darin, dass der Mensch sich zum eigenen Herrn macht und sich auf eine Stufe mit dem Schöpfer stellen will. Gott hat Adam und Eva verboten, von der Frucht dieses Baumes zu essen. Indem sie gegen dieses Gebot verstoßen, entfernen sie sich von Gott. Sie wissen nicht mehr, wo ihr angestammter Platz ist. Dass Adam und Eva danach den Garten Eden verlassen müssen, folgt aus innerer Konsequenz.

Die Figuren werden an den Rand gestellt.

V: Ab jetzt müssen die Menschen ihr Schicksal selbst in die Hand nehmen. Sie können sich nicht mehr darauf verlassen, dass Gott alles regelt. Der Mensch kann zwar Gutes und Böses erkennen. Allerdings muss er sich dann auch entscheiden und mit diesen Entscheidungen leben. Das ist die Konsequenz. Wenn etwas Böses auf der Welt geschieht, kann man es nicht mehr Gott oder dem Schicksal zuschreiben. Vielmehr tragen wir Menschen mit unserem Handeln die Verantwortung dafür, weil wir das Gute vom Bösen unterscheiden können. Am Anfang des menschlichen Leids steht also der Wunsch der Menschen, wie Gott sein zu wollen. Deshalb lassen sie sich dazu verführen, vom Baum der Erkenntnis zu essen. Und sie gelangen zur Erkenntnis. Diese lautet: Sie sind nackt.
Was der Mensch als Erstes erkennen muss, ist die Tatsache, dass er nackt ist. Das bedeutet: Er ist schutzbedürftig, seine Fähigkeiten sind begrenzt. Um sein Leben meistern zu können, ist er auf

Hilfe angewiesen. Vom Leid und allem Bösen kann er sich nicht selbst befreien. Deshalb hat die Bitte ihren Platz im Vaterunser, dass Gott den Menschen beisteht, wenn sie in Versuchung geraten und Böses erleben.

Lied: Ach bleib mit deiner Gnade bei uns (GL 436, 1. und 2. Strophe)

Wiederholung der Lesung: Genesis 3,1–8a

Lied: Ach bleib mit deiner Gnade bei uns (GL 436, 3.–5. Strophe)

Fürbitten

L: Allmächtiger Gott, du hast uns dieses Leben anvertraut. Wir bitten dich:

- Gib uns Einsicht, damit wir das Gute und vom Bösen unterscheiden und die richtigen Entscheidungen treffen.
- Steh uns in allen Versuchungen bei.
- Erhalte unseren Glauben an dich, damit er uns Kraft gibt.
- Lass uns die Schönheit deiner Schöpfung wahrnehmen und bewahren.
- Stärke alle Menschen, die von Leid und Boshaftigkeit geplagt sind.

Allmächtiger Gott, höre unser Gebet. Hilf uns, dass wir deinen Willen immer besser erkennen und ihm folgen. Darum bitten wir durch Christus, unseren Herrn. Amen.

Vaterunser

Segen

Gott stille unsere Sehnsucht nach dem Guten.
Er führe uns durch alle Gefahren.
Er bewahre unsere Freiheit.
Er schenke uns, was wir zum Leben brauchen.
Das gewähre uns der allmächtige Gott.

Segenslied: Komm, Herr, segne uns, dass wir uns nicht trennen (GL 451)